분홍

어느 유곽의 110년

습지

분홍

어느 유곽의 110년

이수영

습지

학고재

ⓒ이수영, 2020

들어가며

1

이 책은 대구에 있던 일본 유곽遊廓 '야에가키쵸八重垣町'를 본으로 만든 이야기이다. 1909년에 문을 연 야에가키쵸는 해방 후에도 이름만 바꿔 내내 성매매집결지였다. 110년이 지난 2019년에야 철거되었다. 부산, 원산, 인천, 서울, 평양, 군산 같은 도시들도 마찬가지였다. 일제강점기 때 유곽이 만들어졌고 남한에선 성매매집결지로 이어지다가 2010년이 훌쩍 넘어서야 하나씩 철거되었다. 이 책은 대구 유곽 야에가키쵸를 본으로 삼았지만 대구만이 아닌 한반도의 '어느 유곽-성매매집결지' 이야기이다.

19세기 제국 일본은 동아시아로 영토를 넓혔고 일본인들은 그 새로운 영토로 디아스포라를 시작했다. 조선의 읍성에도 일본인 이주자들이 늘고 제국의 군대와 이방의 신 아마테라스가 기차를 타고 들어왔다. 총칼과 신이 지나간 곳엔 공장과 유곽이 지어졌다. 군대-신사神社-유곽. 이 식민 기술 삼종세트가 펼쳐진 곳은 한반도만이 아니었다. 제국 일본의 점령지 타이완, 남양군도, 사할린, 난징, 상하이, 랴오둥반도와 만주 등도 마찬가지였다. 동아시아에 펼친 황군의 네트워크 모든 곳에 천황의 조상인 아마테라스, 고귀한 태양의 여신과 함께 유곽의 여인들이 뒤를 따랐다.

  성매매집결지는 결코 저절로 생겨나지 않았다. 유곽은 철도, 공장, 신사, 전쟁처럼 정성들여 계획적으로 만들어졌다. 한반도 일본 이주자를 위한 교육, 토목, 위생, 수도 등 제반 시설을 위한 재정확보에 유곽사업은 요긴했다. 황금알을 낳는 유곽을 유치하기 위해 조선의 일본인들은 마을의 땅을 부동산으로 바꾸었다. 지대地代를 생산하는 상품으로서의 땅을 위해 마을의 일본인들은 도시계획에 압력을 가하고 이문을 두고 서로 꼼꼼하게 다투었다. 기차역, 공장, 신사, 유곽은 조선의 읍성에 새로운 시공간을 열었다. 새로운 땅을 만들었다. 마을의 자존심이었던 오랜 토성에는 이방의 신들을 위한 신전이 들어섰고, 미나리깡 습지에는 유곽과 공장이 지어졌고, 읍성 밖 갈대밭은 기차역이 되었다. 마을 공동체였던 물길, 산, 사람, 미나리는 해체되었다.

  일본제국의 자본주의적 팽창과 함께 마을 공동체가 해체되자 사람들은 자신의 노동력을 팔기 위해 공장과 도시로 떠났다. 도시로 떠난 가난한 일본 여성들과 가난한 조선 여성들은 유곽에 스며들었다. 조선 통감부와 총독부는 성 판매 여성들을 등급별로 나누고, 소속과 신원을 등록하여 강제로 성병 검사를 하고, 거주지를 벗어나지 못하게 출입을 제한했다. 업주 역시 영업 정보를 신고·등록했고 세금을 냈다. 여성의 신체와 성은 행정, 치안, 풍속, 위생, 세원稅源, 물류, 시장, 법률의 객체였다.

가난한 일본 여성들은 자신들의 조국 일본의 군대가 들어간 동아시아 이곳저곳 먼 곳으로 조국의 남성들을 위해 팔려갔다. 한반도, 중국, 대만, 인도네시아, 필리핀, 말레이반도의 가난한 여성들 역시 황군의 군대가 지나는 곳으로 끌려다녔다. 전쟁이 끝나고 돌아온 '그 몸들'을 가족과 고향마을 그리고 조국은 수치스러워했다. 민족, 국가 이런 이름이 아니라 오로지 '여성의 몸'으로 떠돈 그들을 기억하고 싶다.

2

일제강점기 때 대구에 살았던 일본인들이 남긴 책이 있다. 식민자의 시점에서 대구를 꼼꼼히 기록한 책들이다. 『대구이야기』(카와이 아사오河井朝雄, 손필헌 옮김, 1998, 대구중구문화원)와 『조선 대구일반』(미와 조테츠三輪如鐵, 최범순 옮김, 2016, 영남대학교출판부)이다. 카와이 아사오의 책에는 기차역, 신사神社, 유곽이 만들어지던 때의 이야기가 나온다. 더러는 곧이곧대로 인용하기도 했고 더 많게는 보태고 새로 엮어 실었다. 두 저자를 내 이야기 속에 등장시켜 직접 말하게도 했는데, 두 책에 기댔음을 그때그때 밝혔다.

7장에 나오는 연두(가명)는 대구여성인권센터의 자활지원센터에서 만난 성매매 경험당사자이다. 흔쾌히 인터뷰 요청을 들어준 자활지원센터 활동가들과 연두에게 감사하다. 연두는 밝고 당당한 여성이었다. 세 번에 걸친 긴 인터뷰 동안 연두는 주도적으로 이야기를 끌고 나갔다. 성매매 현장에 대해 궁금한 게 있으면 뭐든 물어보라며 자세히 가르쳐 줬고, 불안과 차별에 분노하며 성토했고, 자랑과 부끄러움을 숨기지 않았고, 끔찍했던 어린시절 이야기도 거르지 않고 들려줬다. 최대한 연두의 육성을 전하고자 했다. 다만 연두의 어린시절 이야기는 내가 손질한 것으로 연두가 직접 들려준 이야기와 똑같지 않다. 연두를 보호하고 싶은 마음에 그리했는데, 주요한 줄기는 건드리지 않았다.

2019년 '자갈마당(대구 성매매집결지)'이 철거되는 때에 맞춰 나는 동료 작가 이선애와 함께 대구에서 6개월을 머물렀다. 대구여성인권센터 활동가들 덕분에 '자갈마당' 성매매 당사자들을 직접 만날 수 있었고 성매매집결지에 대해 공부할 수 있었다. 활동가들은 일반 성매매업소 현장활동에도 우리를 초대해줬다. 단란주점, 노래빠, 마사지 업소, 키스방, 휴게텔, 방석집, 기차역 앞 여인숙을 돌아다녔다. 업소들의 환경을 파악하고 도움이 필요한 업소여성을 위해 상담전화번호가 적힌 물티슈나 라이터 등을 놓고 다녔다. 활동가들을 따라다니며, 나는 무서웠다. 그 어둠의 힘에 오장육부가 울렁거렸다. 활동가들은 유쾌하고 당찼다. 참 희한했고 눈부셨다.

나는 목격자이다. 어느 도시 분홍 불빛이 고였던 골목길을 목격했다. 분홍이 질러대는 비명 소리를 들은 후 환취幻臭를 겪으며 호된 몸살을 앓았다. 대나무 숲에라도 말하고 싶은 심정으로 썼다. 그러니 혹여 여러 연두들에게 누가 되지 않았으면 하는 마음뿐이다.

2023년 9월
이수영

차례

들어가며
5

1부

I
환취幻嗅 공감주술
17

II
습지
31

III
이상한 열매
47

IV
습지 헤럴드
65

V
이방異邦의 신
89

VI
110년
107

2부

VII
연두 딸기 미지 자두 보미 수빈 민수 보라 지우 은별

125

VIII
기억

171

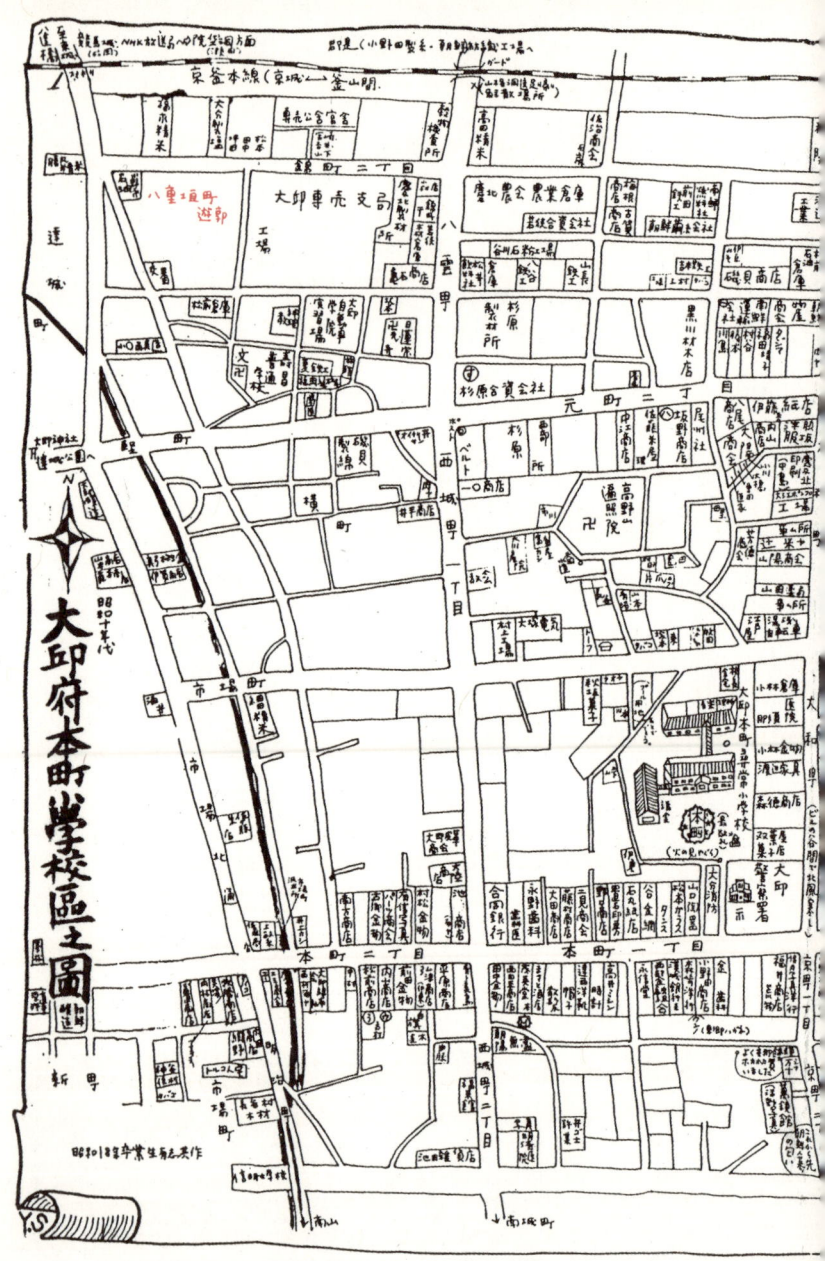

일제 강점기 대구 본정심상소학교(현 대구 종로초등학교)를 졸업한 일본인들이 모여 기억으로 그려낸 1943년경 대구 지도이다. 왼쪽 위에 '팔중원정 유곽(八重垣町 遊廓)'이 있다. 제공자 권상구.

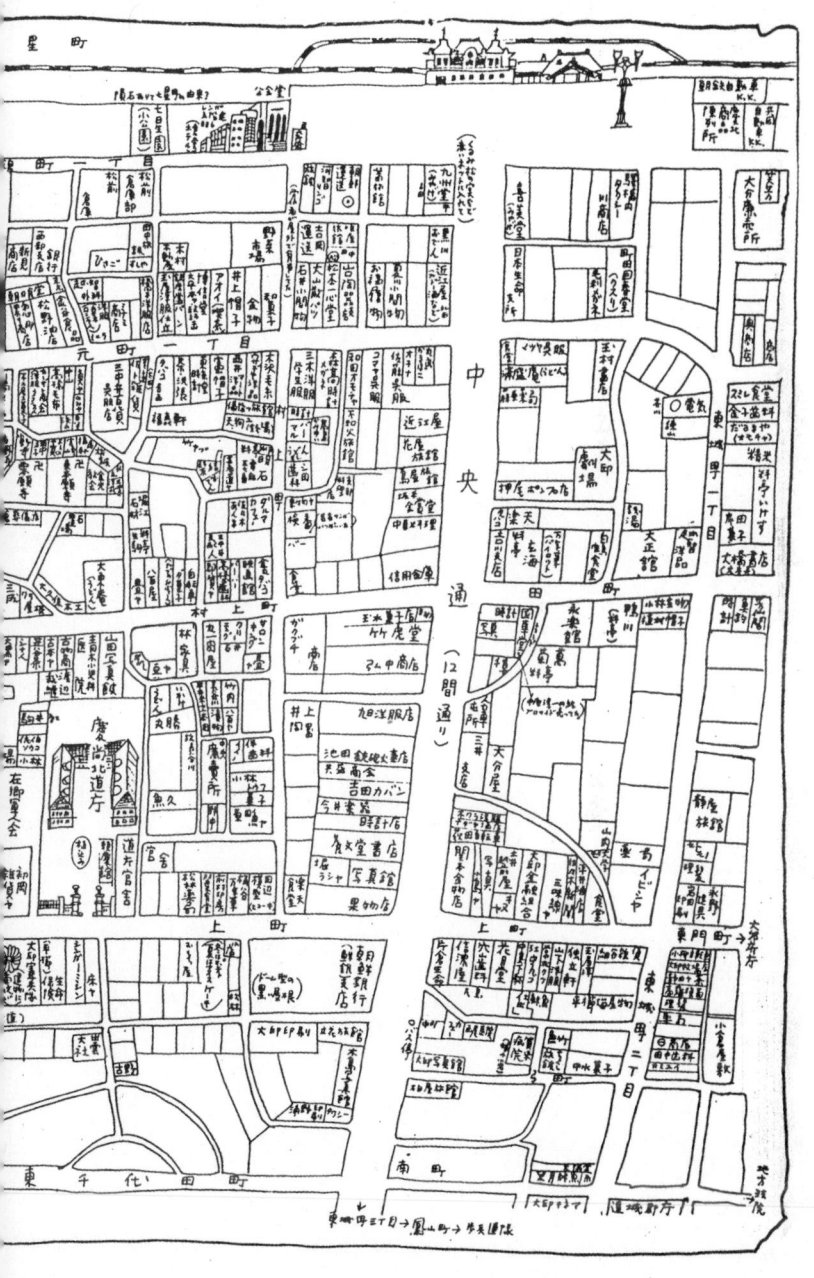

1부

I

환취(치臭) 공감주술

1

비릿하다. 시큼한 비린내가 쉬지 않고 난다. 잠이 설핏 들다가도 훅~. 아, 그 냄새다. 부엌 가스 불을 잠그다가도, 현관에서 신발을 신다가도, 집 앞 슈퍼 골목길을 지나다가도 훅~. 냄새는 부엌을 밟고 현관을 뭉개고 골목길을 휩쓸며 쑥대밭을 만들었다. 토하고 나면 차라리 속이 개운할 것 같은데, 미식미식 비릿한 덩어리는 내 배 속 창자 덩어리 틈 사이사이에 끼어 있는 듯 토해지지 않는다. 시큼하고 비릿한 촉수 끝에 축축한 끈적임이 쩍쩍 달라붙으며 냄새는 하루 이틀 지나고 일주일 열흘을 넘어 계속됐다. 시간이 지나 어느 정도 기세가 누그러진 후에도 그 환취는 불쑥불쑥 시도 때도 없이 나를 찾아왔고 온몸 위로 쏟아졌다. 냄새라기보다 움직이는 덩어리였고 후각이라기보다 통각이었다. 포위당한 냄새에 쉽게 익숙해지지 않으려는 절박한 어떤 것이 나를 점령한다.

환취를 설명하는 것은 쉽지 않다. 하지만 다른 사람의 몸도 내 몸과 다르지 않을 것이다. 누구나 속이 메슥거리다가 먹은 것을 토해 봤을 것이고, 참을 수 없이 역한 냄새에 골이 빠개질 듯 아파 본 적이 있을 것이다. 그래서 이 놀랍고 생생한 환취 경험을 난 열심히 설명했다.

내 얘기를 들어줄 만한 사람을 만나면 고통스러운, 두려운, 어처구니없는, 나를 완전히 사로잡았던, 놀라운, 전에 없던, 강렬한, 낯선, 신비로운, 새로운, 신나는, 소중한, 하지만 알 수 없는, 그래서 알고 싶은, 알아내야겠다는 의지와 바람이 생긴, 이 환취 경험에 대해서 이야기하곤 했다.

내 얘기를 들어주는 사람 앞에서 열띤 몸짓을 해가며 내가 겪은 환취를 애를 써 설명하는 일이 세 번 네 번을 넘어서자 그 환취는 더 이상 내 몸의 감각에 연연하지 않고 독립된 자신의 삶을 살기 시작했다. 이제 그 환취와 갈라선 나는 환취에 대해 질문할 수 있게 되었으니 물음의 길을 떠나야 할 때가 된 것이다.

환취는 아쉽게도 신을 몸에 받은 자들이 입문처럼 앓는다는 신병神病은 아니었다. 나는 어떤 것의 그림자를 쓱 보았을 뿐이었다. 그림자를 떨군 그 어떤 것에 말을 걸 수 있는 힘은 신神의 도움 없이 오롯이 내가 알아서 해야 할 일이다. 냄새, 냄새로 길잡이를 삼게 될

줄은 몰랐다. 냄새는 눈을 감거나 고개를 돌려 피할 수 없다.

2

냄새는 빠르다. 냄새는 기미다. 냄새는 낌새다. 실오라기 같은 '차이'만 올라와도 느껴진다. 물증도 없다 이유도 모른다. 하지만 안다. 우리는 바람 속에서 비 냄새를 맡는다. 나는 그의 등에서 문득 이미 돌아선 마음 냄새를 맡는다.

그러나 나는 내 몸의 냄새를 맡지 못한다. 너무나 익숙하기 때문이다. 냄새가 나는 것은 그들이다. 냄새 나는 것은 '바깥'이다.

'바깥'에는 이름이 없다. 이름을 붙인다는 것은 허공에 그물을 던져 원래 없던 것을 생포하는 놀라운 마법이다. 낯선 것, 바깥에 있는 것, 도무지 알 수 없는 것이 떨군 그림자를 밟고 이름을 붙여 부르며 기어이 그것에게 다가가 말을 걸었던 주술사들이 있었다. 이들 역시 알고 싶지만 알 수 없는 것에 어떤 이름을 만들어 붙였는데, 이름을 붙이자 그 알 수 없는 것은 앎을 향해 길을 떠났다. 그 이름은 X이다. 모르는 것에 X라는 이름을 붙이면 여전히 모르는 채로 그 모르는 것에 무언가를 더하고 빼거나 곱하고 나눌 수 있다. 그렇게 쪼개고 더하고 나누고 곱하다 보면 그 알고 싶지만 알지 못했던 것은 어느덧 아는 것이 된다.

A. 영희는 500원 짜리 동전을 모았다. 그래서 8,000원이 되었다.
영희가 가지고 있는 동전은 모두 몇 개인가?

$$x = 8,000 \div 500$$

B. 아버지와 어머니의 나이 차는 두 살입니다.
아버지와 어머니의 나이를 곱하면 1088입니다.
아버지가 어머니보다 나이가 많다면 아버지의 나이는 몇 살일까요.

$$x \times (x-2) = 1088$$

알 수 없는 것에 이름을 붙여 답을 구한 것은 오랜 일이다.

C. 아하와 아하의 7분의 1의 합이 19일 때 아하를 구하여라.

$$아하 + 아하 \cdot 1/7 = 19$$

아하는 기원전 1650년 한 파피루스에 적힌 '알 수 없는 것'의 이름이다. 그 파피루스를 고물상에서 발견한 사람의 이름을 따 린드 파피루스라고 부른다. 1세기경 중국에서 집대성한 『구장산술』에서도 기록이 발견된다.

> D. 한마을의 사람들이 공동으로 여미(탈곡한 조)를 구입하려 한다.
> 각 사람이 8전씩 내면 3전이 남고 각 사람이 7전씩 내면
> 4전이 부족하다고 한다. 사람 수와 물건 값은 각각 얼마인가.
>
> $8x - 3 = 7x + 4$

 그러나 그 알고자 하는 것이 수數라면 해와 근이 있겠지만, 약속된 양量으로 계량할 수 있는 것이 아니라면 어쩔 텐가. 가령 'X파일', '용의자 X', '저 XX새끼' 경우는 어떠한가. 이런 경우 역시 다를 바가 없다. 이름에 X가 들어가기는 하지만 역시 답은 이미 정해져 있다. 단지 내가 모를 뿐이다. 전지적 시점에서 본다면 어쨌든 특정할 용의자는 밝혀지고, 그 파일도 이미 있고 왜 저 새끼가 XX 같은지 드러날 것이다. 다만 지금 가 닿을 수 없을 뿐이다. 어떤 권력의 복잡한 음모 때문에, 혹은 기막힌 운명의 엇갈림 때문에 막혀 있을 뿐 답은 저 장막 뒤에 이미 있다. 우리의 주인공은 언젠가 운명을 이기고, 계략을 무력화시키며 결사항전 임전무퇴의 마음으로 장막을 열고 그 안에 원래부터 있던 진실의 이름 'ㅅㅎㅅ, X'를 만날 것이다.

 그러나 내게 닥쳐왔던 환각은 미지수의 해를 구하거나 어떤 파일, 어떤 용의자를 찾아 나서는 것처럼 정해진 답을 찾는 것과는 다르다. 나는 세상에 없는 것과 맞닥트린 것만 같았다. 없는 것을 알아낼 수는 없다. 그것이 무엇인지 알려면 나는 세상에 없는 것을 스

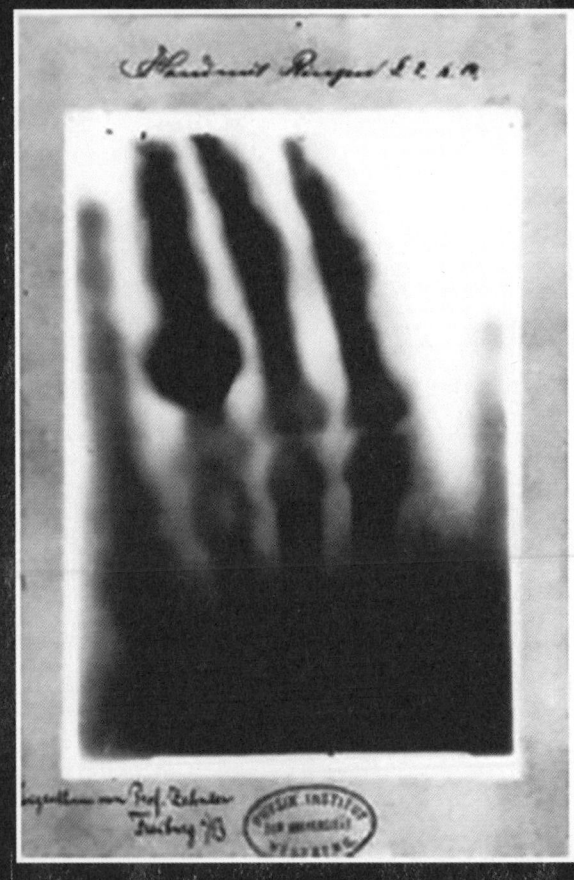

스로 만들어서 알아내야 한다. 알아내려는 나의 허우적거림이 답을 만들어내는 일과 다르지 않을 것이다. 내가 알고 싶은 것은 X의 이름으로 구원받을 수 없다.

이제부터 내가 만들어내야 할 저 바깥의 X에 대한 이야기를 시작하겠다.

3

싫었다. 먹기 싫었다. 가져가 먹으라며 건네줄 때부터, 양손으로 받으며 고맙다고 말했지만 싫었다.

재개발을 앞두고 대부분 이사 나가 동네는 휑했다. 늦은 짐을 꾸리는 집들과 복잡한 상황에 갇혀 나갈 엄두를 못 내는 집들, 수지를 맞추기 위해 일부러 버티고 있는 몇몇 집만 남았다. 마을 입구 편의점 바로 뒤 3층짜리 그 건물도 2, 3층에 한두 방만 남아 있었다. 주인의 배려로 복도를 따라 마주 보며 늘어선 방들에 들어가 사진을 찍고 물건들을 살폈다.

사람들로 벅적이던 딸기사탕 같던 방들은 이미 화장을 지운 뒤였다. 침대, 미니 냉장고, 경대와 서랍장에서 버리고 간 화장품, 라이터, 생리대, 방향제, 속옷 등이 바닥으로 천천히 흘러내리고 있었

X-선을 발견한 뢴트겐(Wilhelm Röntgen)이 촬영한 최초의 X-선 사진_위키피디아. 약혼반지를 낀 뢴트겐의 약혼녀 손이다.

다. 신발을 벗고 방에 들어간 내 발에 그 찐득한 분홍색 국물이 닿자 관음증 같은 호기심이 혈관을 타고 올라왔다. 이곳이 그곳이다! 금지된 곳에 들어왔다는 쾌감으로 나는 스스로 독에 찔린 복어처럼 부풀어 올랐다.

방을 나와 복도를 살필 때 한편에 쌓인 일회용 침대 보호 패드와 복숭아 넥타 캔이 보였다. 수건 크기의 생리대처럼 생긴 패드는 처음 본 물건이었지만 엉덩이 밑에 깔아 침대가 더러워지지 않게 하는 데 쓰일 것이라는 건 금방 알 수 있었다. 음료수는 손님용 서비스일 것이다. 방들이 공동으로 사용했던 물건인 듯싶다. 침대 패드와 음료수를 보자 의기양양했던 내 관음증은 금세 허망하게 쭈그러들어 버리고 대신 어딘지 모를 가장 바깥부터 쓰려왔다. 이제 그만 그 건물을 나가고 싶었다. 그곳에서 빨리 떠나고 싶었다. 1층 로비에서 주인이 누군가와 얘기하는 소리가 들려왔다. 목소리는 1층에서 2층, 2층에서 3층으로 걸어 올라와 방들을 기웃거리고 있는 내 뒤통수를 쳐다보고 있었다.

우리가 떠날 때 친절한 업주와 친절하고 예쁜 고용자 아가씨가 가져가 마시라며 복숭아 넥타 캔 몇 개를 주었다. 3층 복도에 쌓여 있던 그 복숭아 넥타 캔이었다.

그 마을 이름은 도원동桃源洞이다. 그 마을을 허물고 49층 주상

대구 성매매집결지 '자갈마당'의 한 업소 내부 모습. ⓒ이수영, 2019

복합 단지를 지을 시공사 이름은 도원개발桃源開發이다.

4

작업실로 돌아왔다. 가방에서 꺼낸 복숭아 넥타 캔들을 책상 위에 올려놓았다.

복숭아 넥타. 복숭아란 무엇인가. 몽유도원夢遊桃源, 도원결의桃園結義, 삼생삼세십리도화三生三世十里桃花. 신선과 영웅들의 꽃. 손오공이 천계에서 훔쳐 먹고 내공이 열 갑자가 된 천상의 신비로운 열매. 넥타nectar란 무엇인가. 그리스 신들의 땅 올림포스에서 불사의 존재들이 마셨던 음료이다. 이 신계의 음료를 깡통에 담아 이승의 중생에게 가져온 프로메테우스는 1964년 일본의 모리나가제과이다. 인공 향료와 색소로만 주스를 만들던 시절에 진짜 과일도 넣어 만든 '복숭아 넥타'는 신격神格을 갖춘 채 슈퍼마켓으로 하강한 음료였다. 한국에 넥타가 임한 것은 1969년 한국농산가공주식회사에서 사과 넥타를 개발하면서이다.

우리나라 복숭아 넥타 상표로는 펭귄, 삼미, 별표 등이 있다. 파인애플 넥타, 사과 넥타도 있지만, 넥타는 역시 복숭아 넥타이다. 황도 통조림 국물 같은 맛인데, 투명 유리그릇에 얼음을 넣은 통조림 황도 과육이 한때 술집 안주로 인기가 있었다. 지금도 황도 통조림을 안주로 내놓는 술집이 있으려나.

신들의 달콤하고 끈적거리는 음료가 깡통에 담겨 다른 서비스 음료들과 함께 창고에 쌓여 있다가 분홍방 하얀 냉장고 안으로 옮겨갔을 것이다. 그곳에서 시큼하고 끈적이는 여러 액체의 시작과 끝에 냉장고 밖으로 나왔을까. 그 끈적하고 달짝지근한 신들의 음료를 나는 마실 수 없었다. 왜 마실 수 없었을까. 왜 며칠을 그냥 책상에 두었을까. 그리고 왜 버릴 수도 없었을까. 마실 수도 없고 버릴 수도 없어서 결국 작업실 공동 부엌 냉장고에 슬그머니 놓고 나왔다. 누군가 마시겠지.

　　나는 주술에 걸린 것일까. 이전에 접촉했던 것들은 떨어져 있어도 계속 서로 작용한다는 제임스 조지 프레이저가 쓴 『황금가지』의 공감주술共感呪術, 곽박이 쓴 『금낭경』의 동기감응同氣感應*이 도원동 복숭아 넥타와 나 사이에 일어났다. 도원동 복숭아 넥타의 끈적한 핑크빛이 옮을까봐 나는 마실 수 없었다. 슈퍼에서 파는 펭귄표 복숭아 넥타와 도원동 분홍방 펭귄표 복숭아 넥타는 다른 복숭아 넥타일까? 농촌진흥청 음식영양정보에 의하면 복숭아 넥타의 영양정보는 다음과 같다.

---

*　『금낭경』은 조선시대 과거시험 음양과(陰陽科)의 대표적인 풍수(風水) 교과서이다. 같은 기(氣)를 지닌 것은 멀리 떨어져 있어도 텔레파시처럼 서로 영향을 주고받는다는 동기감응론은 풍수의 주요 이론이다.

1회 제공량당 함량 100g		열량(kcal) 55
지방 0.1 g	탄수화물 14g	철분 0.4mg
포화지방 0g	식이 섬유 0.6g	비타민D 0IU
다불포화지방 0g	당류 14g	비타민B6 0mg
단일불포화지방 0g	단백질 0.4g	코발라민 0μg
콜레스테롤 0mg	비타민A 1,316IU	마그네슘 5mg
나트륨 3mg	비타민C 0.6mg	
칼륨 114mg	칼슘 7mg	

    멀리 떨어진 곳에서 일어나는 일에 내가 어떤 영향을 미칠 수 있는 공감주술이 가능하다면 나는 그곳 분홍방들의 삶을 조금이라도 더 낫게 만들 수도 있을까. 도원동 복숭아 넥타를 이미 만진 나는 마시든, 안 마시든, 못 마시든, 이미 복숭아 넥타 신神이 들려버렸다. 복숭아 넥타 신에 이끌리어 나는 도원동 복숭아 넥타 마을의 모든 집에 들어가 보았다. 철거를 앞둔 도원동엔 모두 47개의 분홍 건물이 있었고 각 건물에는 적게는 6개 많게는 60개의 분홍방이 있었다. 뜯긴 벽지 뒤로 마스카라가 흘러내린 분홍방들은 비참했다. 도원동에 다녀온 후 내내 시달렸던 환취가 자꾸 내게 뭐라도 하라고 한다. 이 글은 분홍방들에 감응하고 공감하려는 나의 주술 수행이다.

대구 성매매집결지 '자갈마당'의 한 업소 내부 모습. ⓒ이수영, 2019

II

습지

1

결계에 갇힌 복숭아 넥타 도원동의 내력은 이러하다.

'그곳'은 미나리꽝, 습지였다. 습지에서 서남쪽으로 20분쯤 걸어가면 오래된 토성土城이 있고 습지에서 다시 동남쪽으로 20분쯤 걸어가면 번화한 읍성이 있었다. 높은 토성과 번화한 읍성은 북쪽 습지를 꼭짓점으로 삼각형을 이루었다. 성은 높고 크고 북적였고 습지는 낮고 한적했다.

한때 번성했던 토성에 지금은 아무도 살고 있지 않지만, 토성은 여전히 이 도시의 상징이며 뿌리이다. 북서쪽 큰 강물에 기대어 남동쪽 벌을 내려다보고 있는 토성은 적에 맞서며 부를 축적한 세족

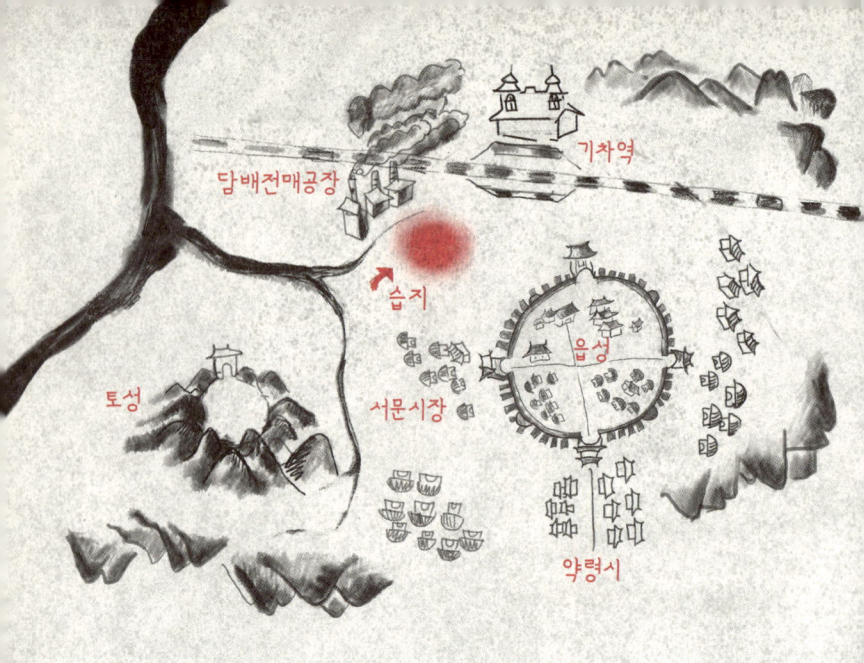

1905, 1906년경의 습지 시(市)

의 힘을 가늠할 만한 자리였다. 벌에서 허리 굽혀 일하는 이들은 고개 든 토성의 세를 자랑스러워했다. 높은 언덕 위에 흙을 돋아 3리 길 성곽을 둘러친 토성은 남쪽이 높고 북쪽이 낮다. 물길 역시 남쪽에서 토성 앞을 끼고 돌아 북서쪽 강으로 흐른다. 강으로 난 길을 따르지 못하고 땅 밑으로 낮게 스며든 물은 미나리꽝 습지로 질퍽하게 모여들었다. 물로 길을 이루지 못한 습지는 땅도 아니고 물도 아니었다. 토성은 당당했고 습지는 하찮았다.

습지를 북동쪽 발아래 둔 읍성은 조선 중기에 감영監營이 들어설

정도로 번화했다. 왜구를 막기 위해 읍 전체 10리 길에 큰 돌을 쌓아 성벽을 둘렀다. 동서남북 사방에 크고 무거운 문을 내고 저녁 8시가 되면 일제히 빗장을 걸었다. 서문 밖에는 큰 장이 서고, 정문인 남문 밖에는 신비하고 용한 약초를 파는 약령시가 섰다. 조선의 읍들은 북쪽으로 등을 돌려 남쪽을 보고 앉는다. 웅성거리는 집과 점포들은 북쪽으로 갈수록 뜸했다. 읍성은 활기찼고 읍성 북문 밖 습지는 스산했다.

미나리꽝에서 아이들은 쪼그리고 앉아 나무꼬챙이로 우거진 풀을 휘저었다. 두텁고 묵직한 초록색 더미들을 들추면 물 위에 떠 있던 가늘고 가벼운 다리들이 타타타탁 현기증처럼 흩어졌다. 땅을 움푹 디딘 발자국에 천천히 사발처럼 물이 고이면 그 위로 밑도 끝도 없는 먼 하늘이 두근거렸다. 습지는 삭풍에 먼저 얼고 봄볕에 속없이 싹을 올렸다. 읍성과 토성은 단단했고 습지는 한없이 말랑했다.

2

읍성에서 남쪽으로 밤을 새워 꼬박 사흘을 걷고 걸어 산을 넘고 내를 건너 300리 길을 가면, 땅이 끝나고 바다가 시작된다. 땅 끝에는 큰 배들이 들고나는 항구가 있다. 배들은 바깥 것들을 싣고 들어와 한반도의 것들을 싣고 나갔다. 1904년 그 항구도시에서 한반도의 수도 한성을 향해 철로 된 길이 자라기 시작했다.

철길은 전쟁과 함께 자랐다. 철도는 전쟁을 위해 자랐다. 1904년 2월 6일 일본 함대 후소와 헤이엔은 12시 30분 부산항에 도착해 조선 전신국을 점령했고, 오후 4시 진해만 마산항에 입항한 일본 포함砲艦 아타고는 마산에 있는 조선 전신국을 점령했다. 조선의 뉴런들은 마비되었다. 한성도 모스크바도 베이징도 러일전쟁의 시작을 알 수 없었다. 다음 날인 2월 7일 일본 순양함 아카시, 아카치호, 지요다는 인천항으로 들어와 러시아 구축함 코레예츠를 어뢰 세 발로 제압하고 일본 육군을 상륙시켰다. 일본군 부대는 연이어 한성 시내를 점령했다.* 대한제국의 황제 고종은 군사 외교 재정에 관한 자율권을 포기하는 동맹안 수정을 체결했다. 조선 전체는 클로로포름에 잠겼고 새로 이식된 동맥이 자라기 시작했다.

심장을 일본에 둔 철의 동맥은 현해탄과 대한해협을 건너 한반도 남쪽 항구도시에서 북쪽으로 북쪽으로 순식간에 자랐다. 한반도 최남단에서 북쪽으로 대전을 지나 북쪽으로 한성을 지나 북쪽으로 평양을 지나 북쪽으로 의주를 지나 북쪽으로 압록강을 넘어 북쪽으로 철도는 순식간에 뻗어나갔다. 압록강 국경에 이른 철도는 압록강에 사는 고래를 칼로 베고 랴오닝성 선양으로 달렸다.

일본의 적국 러시아는 모스크바에서 우랄산맥을 넘어 동쪽으로 노보시비르스크를 지나 동쪽으로 이르쿠츠크를 지나 동쪽으

---

* 와다 하루키, 이웅현 옮김, 『러일전쟁 기원과 개전2』 한길사, 2019, 9장. [和田春樹, 日露戰爭 起源と開戰 (下), 岩波書店, 2010]

로 바이칼 호수를 둘러 동쪽으로 치타에서 방향을 꺾어 동남쪽으로 만주를 가로지르며 하얼빈을 지나 동남쪽으로 무단강을 지나 동남쪽 블라디보스토크로 향했다. 일본이 원하는 곳은 랴오둥반도였다. 러시아가 원하는 것도 랴오둥반도였다. 철도는 국경을 상관하지 않았고, 자본의 국적을 상관하지 않았고, 주권과 영토권을 상관하지 않았다. 철도가 먼저였고 철도가 움켜쥔 땅의 주인과 권리를 정하는 것은 나중이었다. 결국 랴오닝성 선양에서 러시아는 대패하였고 승리한 일본은 하얼빈에서 랴오둥반도 끝 뤼순까지 남서쪽으로 곧게 뻗은 남만주철도를 가졌다. 전쟁을 한 것은 러시아와 일본이었고, 전쟁터가 된 곳은 조선과 중국 땅이었다. 철도가 놓인 곳은 조선과 중국 땅이었지만 철도의 부와 권력을 가진 것은 일본이었다.

철도는 나라와 국경, 안과 바깥을 허물었다. 한반도는 알몸이 되었다.

멀리 기적이 우네, 나를 두고 멀리 간다네, 이젠 잊어야 하네, 잊지 못할 사람이지만.**

철도는 믿어왔던 것들을 알 수 없는 것들로 만들며 북으로 북으로 땅을 쥐어뜯고 삼키며 번져나갔다. 논과 밭을 잡아먹고 사람이 사는 집을 잡아먹고 강을 만나면 강바닥 푸른 이끼에 쇠말뚝을 쑤

** 유승엽 작사·작곡, 이은하 노래, 「밤차」, 1978.

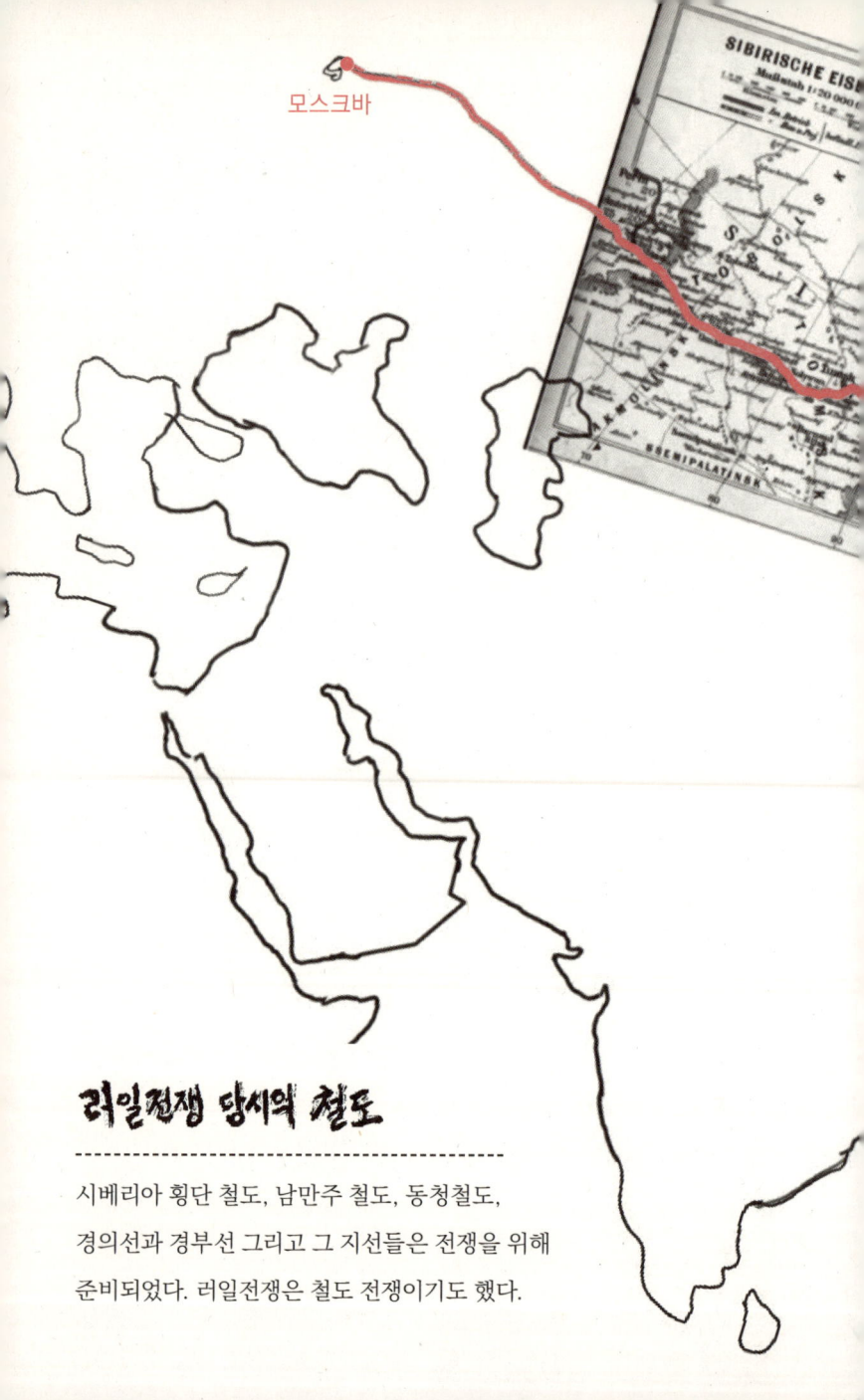

모스크바

SIBIRISCHE EIS

러일전쟁 당시의 철도

시베리아 횡단 철도, 남만주 철도, 동청철도, 경의선과 경부선 그리고 그 지선들은 전쟁을 위해 준비되었다. 러일전쟁은 철도 전쟁이기도 했다.

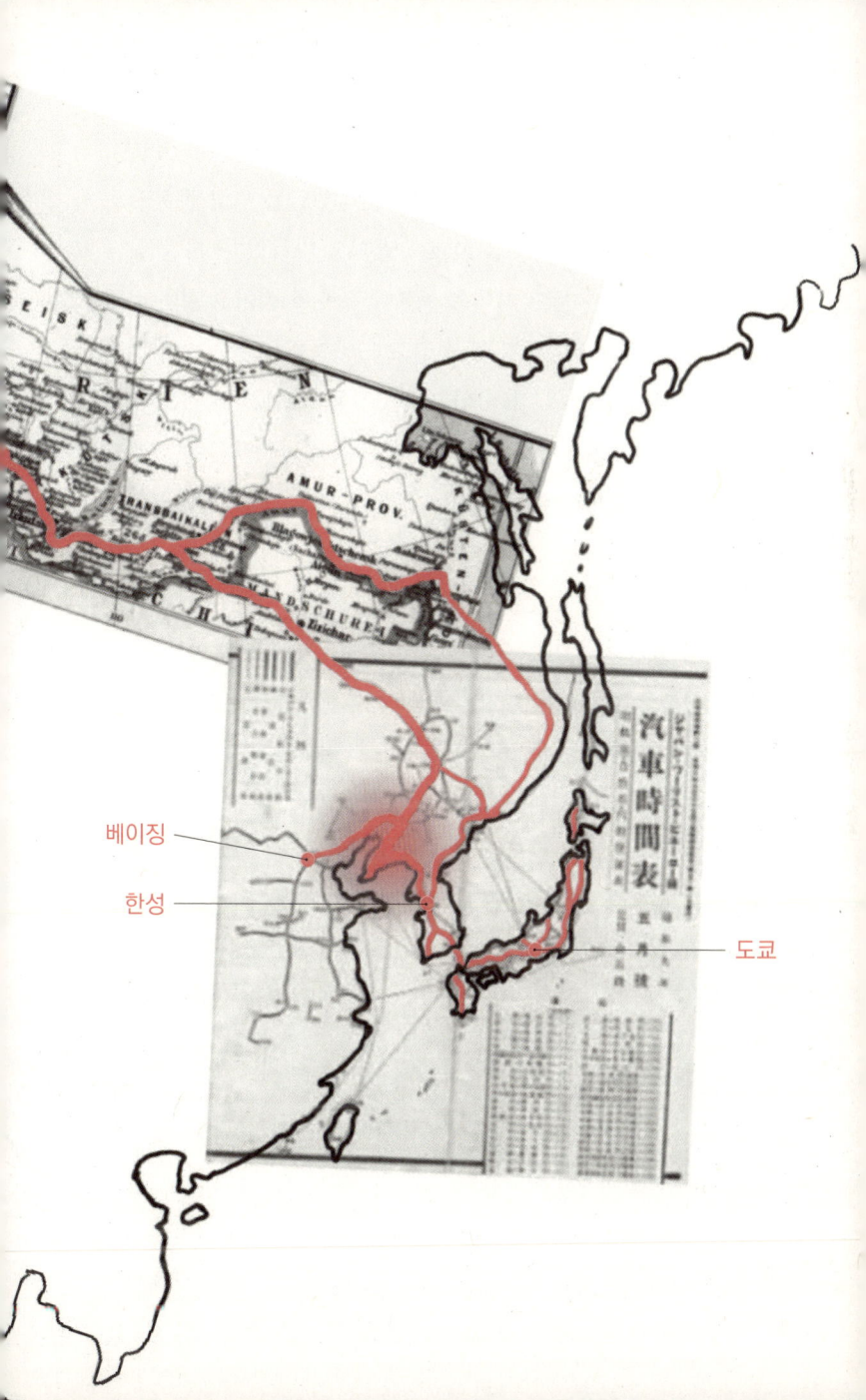

셔 박아 건너고 산을 만나면 산 뿌리를 뜯어 뚫고 지나갔다. 산에 주인이 있든 말든 나무는 잘려나가 철길이 베고 누울 침목이 되었다. 조선에서 돈 없고 백 없는 사람들은 헐값의 임금을 받고 곤봉으로 맞고 발길질을 당하며 나무를 자르고 옮기고 다듬었다. 자갈을 나르고 다지고, 터널을 뚫고 다리를 놓으며, 철도를 먹이고 길러야 했다. 산신들은 놀라 달아나고 조선 철도 노동자들은 항거하며 일본인 감독자를 터널 속으로 몰아넣고 공사장을 점령했다.* 철도에 집과 논밭을 잡아먹힌 사람들은 눈에 불을 켜고 기차역을 불태우고 악을 쓰고 바닥을 굴렀지만 철도는 총칼, 곤장, 추방, 감금, 사형으로 맞섰다.

> "철도가 통과하는 지역은 온전한 땅이 없고 기력이 남아 있는 사람이 없으며 열 집에 아홉 집은 텅 비었고, 천 리 길에 닭과 돼지가 멸종하였다."
> — 대한매일신보, 1906년 5월 15일

한반도를 움켜쥔 철도는 읍성 북쪽에 있는 우리 습지 옆을 지나게 되었다. 1905년 1월 1일 읍성 습지 옆 기차역은 '축! 그랜드 오픈' 하였다. 철길을 달리는 기차를 타면 읍성에서 남쪽 항구도시까지

---

* 정재정, 「철도 건설과 노동력 동원: 경부선의 사례 ②」, 한일역사 마주보기, 2022.03.14. https://contents.premium.naver.com/chungjj9850/knowledge/contents/220309154537521kB

'사흘 밤낮을 꼬박 걷고 걸어 산을 넘고 내를 건너 300리 길'을 단 4시간 만에 돌아올 수 있었다. 읍성은 술렁였다. 읍성의 사람들은 이 새로운 웜홀 worm hole을 경험한 적이 없었다. 1899년 한성 노량진에서 제물포까지 순간 이동하는 웜홀이 생겼다는 이야기를 들은 적이 있지만 한성의 일들은 예나 지금이나 아득했다. 어쨌든 이 읍성의 공간이 접어지면서 땅 끝 항구도시와 한성으로 순간 이동하는 우주의 구멍이 생기게 되었다. 이 우주적 사건이 환영받을 일인지 아닌지는 복잡하고 난감했지만, 피치 못할 일인 것은 분명했다.

참인지 풍설인지는 몰라도 남문 밖에 기차 정거장이 들어선다는 말이 있었다. 그러나 정거장이 북문 밖에 세워지자 남쪽 가게들은 일시에 풀이 죽었다. 웜홀에 술렁이거나 풀이 죽은 이들은 읍성 번화한 거리에 땅이나 가게를 가진 사람들이었다. 한산했던 북문쪽은 정거장이 생기면서 번화해졌다. 기차역엔 사람이 모이고 사람이 모이면 가게가 생기고 가게가 잘되면 땅값이 오른다. 땅값이 오르면 임대료가 오를 것이다. 하지만 외지로 향하는 기차역에 볼일이 있는 사람들이 많을지 어떨지, 그 볼일 있는 사람들이 과연 읍성에 돈을 쓸 것인지, 아니면 읍성의 재화를 밖으로 빼돌릴 것인지 또한 아직 알 수 없었다. 저기 저렇게 서 있는 기차역은 토성처럼 높고 읍성처럼 단단했지만 기차는 그 자체가 풍문이었다.

기차역이 생기고 습지는 술렁이기 시작했다. 기차역이 북적이고 습지는 마르기 시작했다. 기차역의 중력에 습지는 검게 빨려 들어가기 시작했다. 습지에 사는 미나리, 쥐며느리, 소금쟁이와 웅덩이에 내려앉은 하늘과 나무꼬챙이를 든 아이들은 이제 무언가 결심을 해야 할 때가 왔음을 알아챘다.

3

사막에서 자라는 식물 사사의 뿌리에 공생하는 약재 육종용은 중앙아시아 위구르 투루판에서 투르크 상인을 따라 서역과 중국의 관문 시안西安을 거쳐 이곳 읍성의 약령시까지 흘러 들어왔다. 신비한 서역의 식물은 몸이 건조해져서 생기는 변비, 시리고 아픈 허리와 무릎, 이명과 건망증에 효험이 있으며 무엇보다도 불임 부부들의 절박한 고민에 용했다. 기차가 생기기 전 약령시는 이런 귀한 약재로 읍성의 권위를 세우고 지방자치 경제특구 설립에 과감한 투자를 보장할 수 있었다. 물류의 승리였다.

요동에서 평양을 거쳐 한성으로 들어오는 오래된 비단길 무역은 당나귀에 실려 압록강 출입국관리소에 사사로운 관세 25퍼센트를 빼앗기더라도 조공무역의 꽌시关系를 견디는 것이었다.

육종용이 근대 이전의 동아시아 한자문화권 특유의 조공무역 체계의 코스몰로지를 따르는 것이었다면, 남쪽 300리 항구도시를 거쳐 기차를 타고 읍성으로 들어오는 상품은 그 따위 사용가치로 이윤을 남기는 순진한 사물들이 아니었다.

설탕은 약용으로 쓰였다. 배가 아프면 설탕을 조금 복용한다. 그 것으로 복통이 치료되니 기특하다. 설탕 1전어치 판매는 대개가 약용이었다. 키니네(해열제 특히 말라리아의 치료제)와 쓰시마의 천금단(발기부전 조루 치료제) 등은 잘 팔렸다. 생강을 찐 물에 주정(알코올)과 설탕을 섞어 적당히 맛을 낸 것을 병에 넣고 백로 주白露酒라 이름 붙여서 팔기도 했다. 제법 잘 팔렸다. 눈깔사탕도 잘 팔렸다. 흰엿에 5색을 배합한 눈깔사탕은 특히 옥춘당玉春糖이라 하였고 검은 것을 눈깔사탕이라 하였다. 키니네나 몰핀(아편)은 어느 막과자점에서나 다 팔고 있었다.*

키니네와 몰핀을 편의점에서 눈깔사탕이랑 같이 팔았다는 말에 놀랄 필요는 없다. 6.25 한국전쟁 이후 남대문시장에서 미군부대에 공급된 레이션(전투식량), 담요, 침대, 부삽 등을 다 내놓고 팔았던 것처럼, 러일전쟁에 사용되었던 온갖 섬뜩한 것들은 우리의 읍성 약령시에도 널려 있었다. 살육을 위해 이국의 땅으로 실려 간 어린 황군들은 열병, 설사, 열상에 시달렸다. 말라리아 열병엔 키니네, 배탈 설사엔 정로환, 탈진 피로엔 히로뽕, 죽을 만큼 아플 땐 모르핀! 이 약들은 메이지 30년식 볼트액션 소총, 캐틀링 기관총 이상의 화력火力으로 일본군의 전투를 이끈 병기였다.

---

* 카와이 아사오, 손필헌 옮김, 『대구이야기』, 대구중구문화원, 1998, 45쪽. [河井朝雄, 大丘物語, 1930.]

여기서 잠깐 정로환을 애도하고 싶다. 정로환征露丸! 러시아를 정복하는 환약! 러시아를 정복하기 위해 일본의 간판스타 노기장군이 입산수도入山修道하여 기해설산氣海雪山을 뚫으려다 주화입마走火入魔에 빠졌을 때 기연機緣을 만나 얻은 환약으로, 기사회생起死回生하여 하산한 장군이 특허등록하고 다이코신약 제약회사에서 대량생산하여 모든 황군이 이 알약을 단전에 넣고 땅을 가르고 폭풍을 일으켜 러시아를 제압한, 것일 리는, 당연히 없다. 제국주의 전쟁과 함께 등천한 의학 발전의 검기劍氣가 토사곽란 지사제 환약의 이름으로 새겨졌고 전쟁터 현지 임상실험 공덕이 민가에 이어져 오늘에 이르렀다.

전쟁의 그림자가 환약에서 사라진 뒤, 다중지성은 이 환약의 또 다른 눈부신 자율적 발전을 도모했다. 무좀 걸린 발을 치료하기 위해 빙초산에 정로환을 넣고 발을 담근다. 발 껍질이 홀랑 까진다. 화학적 화상의 고통은 무좀 치료에 지름길은 없으며 오직 청결, 통풍, 전문의약품과 끈질긴 투병 의지만이 있을 뿐이라는 것을 깨닫게 해

주었다. 바퀴벌레나 개미, 초파리를 잡기 위해 정로환을 집 구석구석에 한 알씩 놓는다. 단점은 바퀴벌레, 개미, 초파리만 아니라 인간도 정로환 냄새를 참을 수 없다는 것이다.

어쨌든 우리 모두와 함께 동고동락했던 설사약 정로환은 2019년 7월 그의 생을 마감했다. 사인은 정로환의 핵심 성분 크레오소트였다. 얼얼한 크레오소트 냄새와 쓴 맛을 감추기 위해 달콤한 분홍색 코팅 알약 '정로환 당의정'을 출시하기도 했지만, 크레오소트가 발암 의심 물질로 문제가 되자 동성제약은 결국 크레오소트를 버린다. 아무 냄새도 나지 않는 하얀색 캡슐 알약 '정로환 에프'로 리뉴얼했다. 지독한 냄새도 없고 염소 똥같이 동그랗고 짙은 고동색 환약도 아니라면, 그것은 더 이상 우리의 정로환이 아니다. 급똥의 위급함 속에서 언제나 크레오소트로 내 배를 소독해 줬던 나의 오랜 벗 정로환, 그를 애도한다.

4

약령시로 들어온 이국의 풀 중에는 조선에서 사랑 받아왔던 '남령초南靈草'도 있었다. 아메리카 대륙에 살던 사람들이 약용이나 주술용으로 사용하던 신령스러운 풀이다. 이 풀은 콜럼버스가 인도 India라고 우긴 땅에서 유럽을 거쳐 포트사이드, 수에즈를 뚫고 말라카해협을 지나 일본을 거쳐 조선 땅에 1700년대에 들어왔다. 이 신비한 남령초는 한반도에 귀화하여 만백성의 사랑을 받게 된 바, 이 풀을 재배하는 농부들은 다음과 같은 노래를 불렀다.

> 구야 구야 담방구야/ 동래 월산에 담방구야/ 너그 국은 어따 두고/ 조선국으 나왔느냐…낮으로는 볕내 쐬고/ 밤으로는 이실을 맞어/ 속잎 나고 겉잎 나서/ 겉잎은 젖히고 속잎은 뜻어/ 은장도 드는 칼로/ 애씩배씩 썰어내여/ 총각의 쌈지도 한 쌈지/ 영감의 쌈지도 한 쌈지/ 올록볼록 넣어가지고/ 은갑 간지설대에/ 한 대를 넣어/ 청동화리 백탄숯 무어놓고/ 한 대를 빨고 보니/ 목안이 쓴내가 돈다/ 두 모금을 빨고 보니/ 청룡 황룡이 어루는 듯.

그러나 철도가 생긴 이후 이 남령초를 사고파는 모든 권한은 독점되었다. 남령초 재배와 연초(담배)의 제조, 물류, 판매 전체를 통제할 수 있는 권력과 자본의 '힘'이 읍성에 들어왔다. 만들고 팔아야 할 물건이 무엇이건 그것을 생산하고 소비하게 만드는 '힘'은 한반도의 모든 남령초를 통제하기 시작했다.

1906년 읍성 북문 바깥 우리의 습지 옆에는 거대한 공장이 세워졌다. 남령초를 거둬들이고 상품으로 만들어 물류를 돌리는 배타적 독점을 행사하는 공장이었다. 공장에서 5분 거리에 있는 우리의 습지는 담배전매공장이 뿜어내는 폐수를 걸러야 했다. 읍성과 읍성 근처 촌에 사는 농민들은 심고 거두고 건사하던 땅을 빼앗기고 공장에서 일하기 시작했다. 공장은 하늘을 뚫을 듯 웅장했고 늘어선 600명 노동자들의 동선은 정연했다. 1914년 연초세烟草稅가 공포되었다. 이제 담배를 살 때 식민 정부에 세금을 내야 했고 연초 제조 지역과 제조 공장은 허가제로 전환됐다. 소박한 조선 담배 제조업자들은 몰락했다. 담배 공장 노동자들은 임금인상, 8시간 노동제, 조선 노동자 차별 대우 철폐를 주장하며 거리로 쏟아져 나갔다. 1921년 조선연초전매령이 실시되었다. 조선에 담배 공장을 운영하던 일본 기업들은 회사를 총독부로 넘기고 떠났다. 독점기업과 국가는 하나가 되었다.

III

이상한 열매

1

땅 1_미나리가 말했다

미와 조테츠*는 읍성의 벌을 바라보며 말했다.

"'논'은 일본의 田(た)이다. 벼를 심고 기르는 땅이다. '밭'은 일본의 畑(はたけ)이다. 보리, 콩, 마늘 등을 거두는 땅이다. '부대밭'은 일본에서 산간에 풀과 나무를 베고 불사른 후 농사짓는 땅과 같

---

* 미와 조테츠(三輪如鐵)는 1891년에 양잠교사로 잠시 조선에 머물렀고 1903년 대구로 아주 이주해 살았던 일본인이다. 대구로 이주하고 싶어 하는 일본인들을 위해 이주 안내 책 『조선 대구 일반』(최범순 옮김, 영남대학교, 2016.)을 썼다. 이책 52쪽 내용에 기대어 글쓴이가 이야기를 다시 꾸몄다.

다. 조선에서는 감자, 고구마 등을 일군다. '미나리꽝', 이건 일본에 없다. 미나리꽝은 하찮다. 주인이 없고 전답 명부에 올라 있지도 않다. 당연히 세도 걷지 않는다. 읍성 북문 밖 습지 미나리꽝의 미나리는 아무도 거두지 않는다. 볕이 고이는 곳이라면 얼음 밑에서도 파랗게 스스로 올라온다. 미나리는 하찮다. 미나리가 주인인 땅은 미나리에게 허락을 구하지 않고 취할 수 있다."

미나리가 말했다.

"나는 '주인'이라는 말을 모른다. 읍성 북문 밖 습지 미나리꽝의 주인은 미나리가 아니다. 쥐며느리가 아니다. 습지를 뒤적이며 노는 동네 아이들이 아니다. 안개, 먼지, 몰래 들은 이야기들, 모래펄이 주인이 아니다. 물장군, 갯지렁이, 일요일 한낮, 박테리아, 삭풍과 살얼음, 갯고둥, 아~지루해, 플랑크톤, 지나가는 구름 그림자가 주인이 아니다. 빗물, 따개비, 먼 동네 개짖는 소리, 반짝 자갈, 바람, 햇볕, 맨날 그 소리, 맹꽁이, 소금쟁이가 주인이 아니다. 주인은 없다."

땅 2_땅을 사는 것은 전쟁과 같았다.

미나리가 뭐라 지껄이기 시작한 것은 일러전쟁 전 우리 일본인들이 읍성의 땅을 사들이기 시작할 때부터였다. 일러전쟁이 일어나기 전 이 읍성의 관찰사는 친러 인사로 일본인이 땅을 사지 못하게 했다. 뿐만 아니라 아무리 배가 고파도 일본 돈으로는 밥도 사 먹지 못했다. 발이 아파 더 이상 걷지 못해도 일본 돈을 내면 말도 빌려 주지 않았다. 일본인 가게에서 물건을 산 조선인은 관에 잡혀갔다. 일본인에게 땅을 판 조선인은 돈을 몰수당하고 끌려가 옥에 갇혀 치도곤을 당했다. 다행히 당시 조선에서는 땅문서에 이름을 쓰지 않았고 매매 문서에 누가 누구에게 샀는지 쓰지 않았다. 토지대장이 없어 관에서도 땅 주인을 알 수 없다. 땅문서를 가지고 있는 자가 땅 주인이었다. 조선인 부랑자를 내세워 땅을 사게 하고 문서를 넘겨받으면 그것으로 땅 주인이 되었다. 한번은 관찰사가 일본인에게 땅을 판 조선인과 다리를 놓은 조선인들을 줄줄이 엮어 한꺼번에 열여덟 명을 잡아간 일이 있었다. 우리 일본인에게 으름장을 놓은 것이다. 관찰사에게 직접 대들지는 못하고 후다닥 일본 전신국을 지키는 일본 헌병에게 달려가 일렀다. 열받은 일본 헌병이 읍성 전신국에 쳐들어가 일본어로 쓰이지 않은 전보를 몰수하고 전신 업무를 열흘간 중지시켰다. 정보망이 셧다운되자 관찰사는 일본인들이 땅을 사는 데 쓰인 조선인들을 풀어줬다.*

땅을 사는 것은 전쟁과 같았다. 관찰사는 러시아에 기대어 백척간두에 선 조선의 운명을 헤쳐 나가려던 자였다. 그러나 전쟁에서 일본이 러시아를 이기고 조선을 얻자 관찰사는 조선 황제의 편지를 품고 블라디보스토크로 몸을 숨겼다가 상해에서 죽었다든가 하는 소문만 남기고 사라졌다.

---

*   미와 조테츠, 위의 책 87, 88쪽.

땅 3_관찰사는 원했다.

일러전쟁이 끝나고 나는 이 읍성에 관찰사로 새로 부임해 왔다. 내가 다스리는 지방의 가문들은 대를 이어 조선의 여당이었다. 삼정승과 내각 대부분을 장악해 크고 작은 뜻을 펴왔다. 여당 가문의 적통은 아니었으나 우리 가문 역시 대대로 입신하여 집안을 세우고 조선을 운영하는 큰길에 삶과 죽음을 함께해 왔다. 스스로 몸을 곧추세워 머리를 맑게 하고 이부자리를 멀리하며 등잔을 돋우어 여러 밤을 견디었다. 그리 얻은 학문은 작게는 입신을 위한 것이지만 크고 멀게는 어지러워 앞뒤를 더듬을 수 없는 조선의 운명을 위한 것이었다. 지금 관찰사가 되어 행정·사법·군사권을 가졌지만, 일러전쟁에서 승리한 일본은 조선에 통감부를 설치하고 사실상 나랏일을 장악하고 있다. 조선의 조정에 관으로 산다는 것은 참으로 허망하며 위태로운 일이다. 내가 약관이었던 갑신년, 나와 엇비슷한 갑자의 젊은이들이 불살랐던 3일간의 혁명에 몸을 멀리했으나 뜻은 흠모했다. 무모했다. 그래서 뜨거웠다. 읍성 북쪽에 들이닥친 기차를 보며 내가 놓쳤던 뜨거움을 다시 떠올렸다. 이미 시대가 지나가고 있다. 하지만 관찰사인 나는 이 위태롭고 뜨거운 것이 애국인지 매국인지 확신이 없다. 애국의 길과 매국의 길이 겹치고 얽혀 있음에 난감하다. 하지만 이미 나라는 조선의 것과 일본의 것을 갈라내기 어려웠고, 누구의 나라인지와 상관없이 새로운 시대의 일임은 분명했다. 나라를 믿는 것은 허망하지만 시대를 믿는 것은 단단하다. 읍성 북문 밖 새로 생긴 기차역은 사방 천지로 통하지만, 기차역과 읍성 이곳저곳 사이는 사람이 손수레로 짐을 부린다. 수고롭다. 읍성의 성곽은 읍의 한가운데에 알 박기처럼 둥지를 틀고 앉아 있다. 북에서 남으로 서에서 동으로 움직이려면 둥근 성곽을 돌아나가야 한다. 번거롭다. 사대문 안과 밖의 구분은 낡은 것이다. 성곽을 없애고 읍성의 동서남북 사방 천지를 훨훨 달릴 수 있는 신작로를 만들고 싶다. 신작로를 뚫기 위해서는 성곽을 부숴야 한다. 하지만 조선의 공무원이 할 일은 성을 지키는 것이지 부수는 것이 아니다.

땅 4_밤에는 쥐가 듣고 낮에는 새가 보았다.

관찰사는 은밀히 서리를 보냈다. 서리는 읍성 사업가 야마모토에게 은밀한 관찰사의 뜻을 비쳤다. 야마모토는 그 밤을 도와 남쪽 항구도시에서 조선인이고 일본인이고 할 것 없이 외지인 50명을 구해왔다. 일꾼들은 밤을 도와 쥐도 새도 모르게 성벽을 헐었다. 이곳 살짝, 저곳 살짝. 그것으로 충분하다. 저것은 이미 허물어진 것임을, 저것은 이미 낡은 것임을 만방에 알렸다. 쥐와 새는 말하지 않았어도 읍 사람들은 모두 알고 있었다. 쥐와 새와 읍민들은 말하지 않았지만 조선의 조정도 알았다. 어느 날 아침 서쪽과 북쪽 성벽 이곳저곳이 왜 석 자씩 무너져 있는지. 관찰사는 두 아들을 일본에 망명할 수 있게 준비해 두었다. 관찰사는 목숨을 걸었다. 국방시설이자 행정시설인 성곽을 관찰사인 자신이 허문 것은 국정문란이고 국가보안법 위반이며 반역이었다. 대한제국 내무대신은 성벽 파괴 불허가 명령을 내렸고 영장이 떨어졌다. 황제는 칙서를 보내 관찰사의 죄를 물었다. 이토 히로부미 통감부는 대한제국 황제와 뜻이 달랐다. 조정의 사법권과 행정명령권은 이미 비어 있었다. 이제 쥐와 새는 물론 읍성 모두가 알 수 있도록 내놓고 한낮에 성곽 철거 공사가 시작되었다.

땅 5_읍성 남문 앞 계수나무는 보았다.

왜가 쳐들어오면 성이 무너진다! 마을 사람들이 모여들었다. 내놓고 성곽을 부수자 짱돌이 날고 몸싸움이 일었다. 관찰사는 조선 사람이었지만 성을 지키는 자와 성을 무너뜨리는 자는 이제 국적으로 분간되지 않았다. 격렬한 시위 도중 일본 사람 한 명이 죽었다. 관찰사는 조선인 세 명을 남문 앞 계수나무 공터로 끌고 와 살인죄를 물었다. 이미 곤죽이 된 죄인 세 명이 무릎을 꿇었다. 조선군 열 명이 열다섯 보 떨어진 곳에서 죄인들에게 총구를 겨누었다. 조선군 열 명 뒤에는 무장한 일본군 서른 명이 도열했다. 일본군 뒤에는 읍성 사람들이 성곽의 무너진 돌처럼 서서 총구 끝을 바라보고 있었다. 발포 명령이 내려졌다. 타타타타타타탕. 살인죄 조선인 세 명은 아무도 총을 맞지 않았다. 멀쩡했다. 죄인들도 놀랐다. 아앗, 당나라 군대도 아니고 조선군의 사격술은 어이가 없었다. 다시 발포 명령이 떨어졌다. 타타타타타타탕. 역시 아무도 죽지 않았다. 저 죄인들은 방탄 기공을 연마한 것이냐. 아니면 조선군은 엠네스티 사형 반대 생명 존중 사격술을 집행하는 것이냐. 일본군은 조선군을 몰아 열다섯 보 거리를 좁혀 죄인의 등짝에 총구를 직접 들이박고 쏘

게 하였다. 타타타탕 탕탕 타타탕.

토목공사는 계속됐다. 성곽 철거 때 나온 흙과 자갈로 습지를 메웠다. 성곽은 습지 안으로 가라앉았다. 습지는 마른 땅이 되었다. 본격적으로 철거가 시작되고도 길을 닦는 것은 더디었다. 결국 십자도로 토목건설 비용은 대한제국 국고로 진행되었다. 1909년 읍성 옛터에 밤이 오고 오백년 도읍지를 필마로 돌아봤자 성벽은 간데없고 읍성 원심을 축으로 동서남북을 꿰뚫는 십자로에 자동차가 다니기 시작했다. 남문 앞 계수나무도 아름답고 기세 높던 남문과 함께 뽑혔다.

관찰사는 장관으로 영전했다. 읍성 일본인 거류민단은 성벽 철거와 십자로 건설에 대한 감사로 금줄이 달린 회중시계를 선물했다.

땅 6_카와이 아사오*는 아차! 했다.

아무래도 수상했다. 뒤에 뭔가 있다. 1906년 여름 읍성의 일본인 거류민단 회의에서 와타나베 패들이 성곽 철거를 강하게 주장하며 야료를 부릴 때 알아봤어야 했다. 나는 일본인 거류민단 민장에 출마한 와타나베의 반대파였다. 하지만 힘없는 내가 할 수 있는 건 별로 없었다. 그저 돌아가는 추세를 파악하기 바빴다. 조선인 관찰사

---

*   카와이 아사오(河井朝雄)는 1904년 대구로 이주한 일본인이다. 『대구이야기』(손필헌 옮김, 대구중구문화원, 1998.)를 썼다. 위의 성벽 철거를 둘러싼 이야기는 카와이 아사오의 책에 기대어 글쓴이가 다시 꾸민 것이다.

가 성곽 철거에 목을 걸 때는 다 믿는 구석이 있었을 것이고 득을 셈했을 터였다. 뜻은 관찰사의 것이었으나 성곽 철거 사업은 어쨌든 야마모토의 이름이었다. 내지에서 토목사업을 했다는 야마모토는 조선에 와서 제대로 한 건 잡은 것이다. 야마모토는 성곽 철거 후 십자도로를 짓는 이문에 일본인 거류민단이 눈독을 들이자 질색을 하며 일찌감치 내외를 했다. 그런데도 와타나베는 야마모토를 따라다니며 인부를 모으고 성벽 철거에 이리 뛰고 저리 뛰며 열심이었다. 결국 다음 해 일본인 거류민단은 자금 5,000원을 내고 숟가락을 얹었다. 성벽을 부수자 돌과 흙무더기가 원래의 성벽보다 더 높았다. 와타나베는 그 흙과 돌로 습지를 메우자고 했다. 어차피 습지는 읍성 북문 쪽 버려진 곳이었다. 한갓지고 눈에 띄지도 않는 곳이었는데 기차역이 들어서고 연초 공장과 창고들이 하늘을 가리고 들어서자 더욱 기이했다. 원래 습지는 읍성 남문 밖 크리스트교회 언덕에서 보면 읍 북쪽 강보다도 낮아 비가 오면 시가지의 더러운 것들이 쓸려 고였다.

그런데, 결국 그럴 공산이었던 것이다. 기차역이 들어서고 연초 공장이 옮겨 오네 마네 할 때 와타나베 패들이 그곳 일대 땅을 이미 사들였던 것이다. 그러면서 얼렁뚱땅 주인 없는 습지까지 주워 담았다. 어쩐지 성벽을 어서 부수자고 흥분하며 요란하게 서두를 때 뭔가 작당이 있었을 거라고 짐작은 했다. 친일하는 관찰사를 들쑤셨을 것이다. 아니면 관찰사와 땅의 득을 나눌 공산이 먼저 섰을 것이다. 성벽 철거로 나온 흙과 돌로 습지를 메우기 전, 그때 나서서 반대

했어야 했다. 읍성이 휑 뚫리고 십자도로가 개통되어 사방 천지 못 갈 곳이 없어지면 습지는 이제 더 이상 외진 한데가 아니다. 땅값은 10배가 뛰었다. 와타나베 일당은 아무도 거들떠보지도 않던 습지를 오래 공들여 결국 취했다. 자신들이 사들인 습지 주변의 땅을 유곽지로 삼자고 나섰다. 결국 저들의 종국의 목적이 드러났다. 유곽은 우리 일본인 거류민단이 땅세를 얻을 요량으로 오래전부터 준비한 사업이다. 민단 사업을 와타나베가 가져가게 할 수는 없다. 와타나베에게 건건이 반대해온 나는 이제 더 설 자리가 없어질 것이다. 나도 미리 땅을 준비했어야 했다.

땅 7_땅 주인 와타나베는 속이 쓰렸다.

땅이 정해지면 다 끝날 줄 알았다. 제일은행에서 돈을 빌려 습지 근처 변두리 땅을 조금씩 사두었다. 유곽은 돈이 되는 사업이라 일본인 거류민단 회의에서 세 싸움이 치열했다. 유곽을 어느 땅에 만들지 격한 다툼이 있었고 몇몇의 위원직 사퇴가 있은 뒤 유곽지는 내 계획대로 습지 일대로 결정됐다. 1906년 습지는 부동산이 되었다. 대지 조례를 만들어 유곽사업 임대를 공시하였다. 일러전쟁 후 물가가 뛰었지만 남문과 서문 쪽 예기藝妓를 둔 요리집은 연일 북적였다. 요리집을 바라보고 유곽사업을 시작했는데, 어찌된 일인지 아무도 땅을 빌려 가게를 내려 하지 않았다. 이게 다 '예기단속법' 때문이다. 예기, 작부, 창기 등을 갑종과 을종으로 나누고 풍속과 성병 등을 이유로 까다로운 절차를 요구했기 때문에 아무도 선뜻 유곽업을 하려 하지 않았다. 은행 빚으로 사 모은 땅은 결국 이자만 까먹고 있었다. 그러나 땅을 헐값에 내놓자 이때만을 기다렸는지 대뜸 임자가 나타났다. 이곳 읍성에서 큰 정미소를 하는 일본인이다. 내지에선 귀족 가문이었다는데 조선으로 건너와 유곽사업에 뛰어든 것이다. 그이가 땅을 사들이자 기이하게도 유곽지는 금세 번성했다. 알고 보니 '예기단속법'은 유곽의 걸림돌이 아니라 오히려 유곽을 돌보는 법이었다. 술과 요리, 예기와 종 들을 건사하는 번다한 경영에 고단할 필요 없이 성매매에 집중할 수 있었으며 주인인 포주의 권한도 훨씬 컸다. 성병 검사도 혹독하게 하여 손님들이 안심했다. 유곽은 법이 인정하고 보호하는 합법적인 장사가 되었다. 오래 공들여 땅을 준비했는데 결국 남 좋은 일만 되었다.

2

성곽이 부서진 것은 큰 사건이었지만, 습지가 사라진 것을 알아채는 이는 적었다. 성곽의 일대기를 다음과 같이 기억하며 애도한다.

1490년 왜구의 침략에 대비해 흙으로 읍성 둘레를 높이 쌓아 성곽을 만들었다. 1592년 임진왜란 때 성곽이 무너졌다. 성곽 없이 100년 넘게 살다가 1736년 돌로 다시 축성했다. 성의 둘레는 약 2,650미터, 성곽의 폭은 약 8.7미터, 높이는 서남쪽 약 3.8미터, 동북쪽 약 3.5미터에 이르렀다. 여첩(총을 쏠 수 있게 만든 성벽에 낸

작은 구멍) 819개, 영남제일문(남문), 달서문(서문), 진동문(동문), 공북문(북문)을 기본으로 동소문과 서소문 등 총 6개의 문을 두었으며, 네 모퉁이에는 장대(망루)가 있었다. 읍성 안 북동쪽에는 정치·행정·군사의 헤드쿼터인 감영이, 북서쪽에는 임금의 위패를 모시는 객사 양봉관이 자리 잡고 있었으며, 읍성 남서부와 동남부엔 백성들의 주거지역이 있었다.

그리고 아무도 기록하지 않았지만 이 성곽을 지어 올리기 위해 흙을 져 나르고 돌을 다듬어 옮겼을 손들을 기억하고자 한다. 화이바 안전모도, 안전화 부츠도, 3M 장갑도 없이 무명 홑겹을 입고 꾸역꾸역 역을 살았을 그 발과 손들의 추위와 아픔을 애도한다.

습지를 다음과 같이 기억하며 애도한다.

물길과 땅길의 다름을 몰랐다. 맑고 탁함의 분별 역시 무력했다. 미나리, 소금쟁이, 질소와 인, 갯지렁이, 따개비, 켄타우루스 알파별, 48,000헤르츠 초음파, 장구벌레, 장마전선, 삵 발소리에 떨리던 물결, 공장의 폐수, 무너진 성곽의 돌과 자갈이 습지의 역사였다. 나의 상상이 사라진 습지에게는 무용할 것이나 나의 애도 또한 습지의 역사가 되길 바란다.

3

성곽이 사라지고 바둑판 모양 신작로가 정연한 도시가 들어서

자 마을마다 역병이 돌기 시작했다. 그런데 좀 특이한 게, 이 역병은 열에 달떠 열꽃이 번지고 설사 구토를 하다 정신 줄을 놓는 그런 돌림병이 아니었다. 뭐랄까, 일종의 정신병 같은 것이었다.

읍성 남쪽 대나무 숲에서 뿜어져 나온 안개가 석 달 열흘간 하늘을 가리고 사람들은 안개 속에서 길을 잃었다. 이곳에서 태어나 이곳에서 대를 이어 살던 사람들은 집을 나서 논밭으로 가는 길을 잃었고 장에 가는 길을 더듬다 주저앉았다. 마을 미나리들도 길을 잃고 봄이 되어도 꽃을 피우지 못했다. 미나리와 사람들은 어디를 가나 그곳이 그곳 같아 가는 곳마다 시공간이 접히는 데자뷔에 시달렸다. 어디를 가나 스타벅스와 던킨도넛이 있고, 그 옆에 국민은행이 있고, 내과·치과·정형외과 간판이 건물을 뒤덮었다. 가게의 모양과 순서, 위치로 마을을 구별할 수 없었다. 마을은 배경 화면처럼 도처에 복사되었다. 도대체 여기는 어디인가! 내가 있는 곳은 어디인가! 이 정치적이고 철학적인 질문에 의원들은 어지러운 반고리관을 검사하고 치매 클리닉을 설치했다. 역병과 가뭄은 나라님에 대한 천제의 신판이지만, 나라님이 없어진 조선에선 천제가 누구를 심판하는지 샤먼들은 머리가 아팠다.

그러나 안개 속에서도 분명한 것이 있었다. 성곽을 다시 고쳐 세우든 몽땅 부수고 신작로를 짓든, 조선의 이름으로든 일본의 이름으로든, 읍 사람들에게 아무도 의견을 묻지 않았다. 땅은 살고 있는 사람의 의지와 상관없이 그래픽 변신을 거듭했다. 읍성 바깥 논과 밭으로 일하러 가고 장에 가며 동서남북 사대문을 들고 나던 일상의 동선도, 읍 한가운데 산처럼 둘러섰던 성곽의 그래픽도 갑자기 변해버렸다. 하루하루를 살아가는 지형적 익숙함은 시각적인 것이었고 촉각적인 것이었으며 육체의 연장이었고 정서적 안정이었다. 읍민들은 기억상실을 강제당하며 자신의 집과 논밭을 찾기 위해 고향에서 길을 잃었다. 원래 부동산 개발은 원주민들에게 의견을 묻지 않는다. 외지인들의 돈이 땅의 운명을 결정하고, 결정된 운명에 의해 원주민들은 살아온 터를 떠난다. 읍성은 헐렸지만 사람들은 성을 중심으로 마을의 이름을 부른다. 읍성 서문 밖 시장은 서문시장으로 불렸고 남문시장 동문시장도 이름을 바꾸지 않았다. 심지어 동산루東山樓 요리집이 있는 동산東山은 읍성의 남쪽에 있었지만 토성의 동쪽에 있기 때문에 지금도 동산이라 부른다.

읍민들은 안개를 뚫고 시청 광장에 모였다. 반듯한 신작로 교차로에 읍성 객사가 서 있다. 3년 전 성곽을 허문 뒤 마지막 남은 읍성의 유산이었다. 임금의 위패가 봉안되어 있어 성곽을 철거할 때 차마 남겨둔 것이었다. 그러나 이제 객사마저 철거하려 하자 읍민들은 다시 시위에 나섰다. 지키고 싶은 것은 임금의 위패가 아니었다. 땅의 운명이었다. 을사년에 나라의 외교권을 빼앗겼을 때, 헤이그에 밀사를 보냈다고 임금이 쫓겨났을 때, 나라의 군대가 강제 해산됐을 때, 그때마다 싸움에 단련되어 읍민들 수백 명이 익숙해진 길바닥에 다시 모였다. 불을 피워 밤에도 자리를 지켰다. 일본군 1개 대대가 출동했다. 다행인지 불행인지 조선군은 해산되어 조선인을 진압하지 않아도 됐다. 군대와 민간인 전투의 승패는 자명했다. 객사는 무너졌다. 이로써 근대도시 프로젝트 철거공사는 총과 칼로 이루어졌음을 보여 주었다. 그리고 동시에 저항도 총칼과 함께 더 크게 자라났다.

바둑판 도로가 놓인 도시는 성곽을 두른 읍의 토폴로지와 달랐다. 읍성은 중심과 변방을 나누는 정치적 공간이었다. 읍의 사방은 중심인 성을 향해 길이 났고 읍 어디를 가나 성이 보였다. 성 안엔 중요하고 먼 것들이 줄지어 있었고 성 밖은 소란하고 가까운 것들이 얽혀 있었다. 경중과 상하가 분명했고 질문은 허락되지 않았다. 반면 격자 도시는 공평해 보였다. 도시 전체를 같은 간격과 넓이로 대했다. 모든 길은 통했고 통행은 자유롭다. 격자 도시의 그래픽은 시각적으로는 공평했지만, 지대地代는 공평하지 않았다. 지대는 계급이고 권력이다. 우리의 습지는 그 격자 안으로 들어갔다. 격자 망 구석이었지만 어쨌든 습지는 격자 토폴로지 안에 들어가게 되었다. 습지에도 집과 가게가 생겨 땅 주인과 건물 주인은 세를 거두었다.

철도가 지나고 기차역이 생기고 전매 공장이 들어서고 성벽이 무너지고 십자도로가 뚫리고, 이 모든 것을 먹고 습지는 통통하게 살이 올랐다. 통통해진 습지에는 유곽이 들어섰다. 땅이 있고 유곽이 생기지 않았다. 유곽을 위해 땅을 만들었다. 유곽은 아주 오랫동안 공들여 계획한 시장이었다. 유곽에는 미나리 대신 다른 열매가 열리기 시작했다. 이 분홍빛 습지열매를 사람들은 사고팔았다. 땅을 사고팔 듯이, 기차표를 사고팔 듯이, 담배를 사고팔 듯이 이 이상한 열매를 사고팔아 돈을 벌었다.

이상한 열매 strange fruit*

남부지방의 나무에는 이상한 열매가 열린다

나뭇잎에도 뿌리에도 피가 흥건하고

...

포플라 나무에 매달려 있는 이상한 열매들

...

터질 듯이 붉은 눈과 찌그러진 입

---

*   아벨 미어로폴(Abel Meeropol) 작사, 작곡/ 빌리 홀리데이(Billy Holiday) 노래/ 한글 번역 〈오마이뉴스 08.08.19. '산채 태워진 흑인들, 노래가 되다.'〉

달콤하고 상쾌한 목련향이 퍼지는
순간 풍겨오는 살덩이 타는 냄새
여기 까마귀들이 뜯어 먹는 열매가 있다
비를 모으며 바람을 빨아들이는
햇볕에 썩어가고 나무에서 떨어질
여기 괴이한 열매와 슬픈 곡물이 있다.

IV

습지 헤럴드

1

 읍성을 둘러싸고 있던 담장을 먹고 통통하게 살이 오른 습지에서는 다시 담장이 돋아났다. 담장은 쑥쑥 자라나 습지 전체를 둘러쌌다. 읍성의 일본인들은 습지를 '야에가키쵸'八重垣町라 불렀다. 조선인들은 일본어 한자를 조선 발음으로 읽어 '팔중원정'이라 불렀다. 여덟 겹으로 담장을 둘러친 마을.

 성곽은 읍성을 안과 밖으로 나누었다. 안과 밖을 나눈 것은 밖으로부터 안을 지키고자 했던 것이다. 안은 흔히 '우리'라 불리었고 밖은 흔히 '그들'이라 불리었다. '우리'와 '그들'의 이름은 국가로 구별되기도 했으며 혹은 신분으로, 혹은 성별, 적서嫡庶로 나뉘기도 했다. 왜가 쳐들어올 때면 읍성의 조선 사람들이 우리였고 전쟁이 없을 때는 양반이 우리였다.

야에가키쵸 여덟 겹의 담장을 경계로 어느 쪽이 안이고 어느 쪽이 바깥이었을까. 습지는 작고 세상은 넓어 언뜻 보면 습지가 안이고 세상이 바깥처럼 보인다. 그러나 읍성의 사람들은 야에가키쵸를 '그들'이라 불렀고, 손가락질로 '그들'을 가리키며 '우리'를 구성했다. 그들인 야에가키쵸는 '바깥'이었고 그들과 다른 우리는 '안'이었다. 습지의 여덟 겹의 담장은 '그들'로부터 '우리'를, '바깥'으로부터 '안'을 갈랐다. 야에가키쵸 담장은 '그들'과 '우리'를 나누어 습지인 '바깥'으로부터 '우리'의 무엇을 지키려 했을까. 담장을 둘러쳐 가리고 가두어야 할 것이 무엇이었을까.

습지가 단단한 땅이 되고 부동산이 되어 한 첫 번째 일은 입구에 '금지' 표시를 하는 것이었다. 습지는 금지로부터 시작되었고 들어가지 말라는 표시는 그곳의 명패였다.

〈청소년 통행금지〉. 청소년에게 금지인 곳이라면 청소년이 아닌 사람들, 즉 성인과 어린이는 통행해도 된다는 뜻일까. 성인과 어린이만 통행해도 된다는 말과 청소년이 통행하면 안 된다는 말은 같은 뜻일까. 긍정문으로는 안 되고 꼭 부정문으로만 해야 할 말이 있는가. 골목길 신체에 온통 각인된 금지의 언어. 확성기처럼 요란한 금지와 부정. 강렬하고 감각적인 위험의 표상. 이 정도로 위험하다면 호들갑을 떨며 말릴 것이 아니라 아예 없애면 될 것을. 금지로 전달되는 은밀한 유혹. 어서 넘어오라고 그어 놓은 선. 습지는 허용이 아

©이수영, 2019

닌 금지로 존재하는 곳이다. 돌려 말하기, 혹은 말해진 것 뒤에 짝 패로 고이는 것, '이 감각적 부정문'은 습지의 모국어이다.

2

담장으로 습지를 막고 안전해진 '우리'는 여덟 겹 너머의 습지를 시청한다.

그곳은 원더랜드, 금지에 대한 모든 것이 피어나는 곳. 습지는 화려하고 더럽고 달콤하고 비리고 애절하고 어리석고 시큼하고 끈적이고 하찮고 위험하며 재밌다.

습지채널은 그 시대 최첨단 미디어인 신문과 잡지의 인기 있는 고정섹션이었다. 당시 습지 프로그램의 에피소드 몇 개를 살펴보자.

> 유곽의 두 여성이 동성애로 동반자살-정사情死, 탈영 군인과 창기의 동반자살-정사, 위조지폐 발견, 폭약 밀매자 체포, 미성년자 주취 난동, 권총실탄 발견, 혼인빙자 사기 금전 사취.

20세기 초 갓 태어난 신생의 매스미디어가 묘사하는 습지는 폭력과 죽음이 넘쳐흐르는 자극적이고 선정적인 곳이다. 미담을 널리 알리거나 힘없는 사회적 소수자의 목소리를 알리기보다는 폭력적 사건 사고를 신진대사하는 이 새로운 미디어의 생리는 수전 손택

> 동성연애로정사 대구유곽금해루의참극 두명이모다생명은구헛다.
> - 매일신보, 1925.03.26.

> 청루에서군인자살 창기에정들이고살수업서
> 대구유곽의面刀(면도)情死(정사)騷動(소동).
> - 동아일보, 1924.5.9.

> 대구유곽에서위조지폐 발견.
> - 조선중앙일보, 1936.7.21.

> 대구고보생십오명이 유곽에泥醉(이취)횡행 정복정모를한채로
> 술이취하야창기를희롱하며방약무인하여 극도로물란한학생풍기.
> - 중외일보, 1928.4.20.

> 권총실탄발견 대구유곽쓰레기통에서.
> - 중외일보, 1928.7.23.

> 창기전차금을 허기편취한惡漢(악한) 그남자는결국대구서에피체
> 대구유곽가에애화.
> - 동아일보, 1938.9.24.

> 폭약밀매자강포 대구유곽에셔돈을물쓰듯한 청년한명은폭약밀미범.
> - 매일신보, 1922.12.3.

사단법인 대구여성인권센터 아카이브

Susan Sontag이 그의 저서 『타인의 고통』에서 이미 통찰한 바 있다. 고통을 관음觀淫하는 신문 미디어는 마치 습지 입구 골목 바닥에 통째로 문신된 금기의 사이렌이 행인을 유혹하듯 기이한 고통의 볼거리를 소비하게 한다.

그런데, 그 시대 신문과 잡지는 누가 읽었을까. 조선총독부는 1930년에 전국적인 문맹률을 조사하였다. 지역별, 성별, 연령별로 문맹률을 조사한 「조선국세조사보고朝鮮國勢調查報告」에 의하면 '일본어 및 한글을 읽을 수도 쓸 수도 없는 자(문맹자)'는 전 인구의 77.73퍼센트이다. 그 중 여자의 문맹률은 92.04퍼센트, 남자의 문맹률은 63.92퍼센트이다. 농민이 절대 인구였던 당시 인구의 평균 통계에서 취학률 70퍼센트인 지주계층을 빼고 일반 백성들의 문맹만 본다면 문맹률은 90퍼센트가 넘을 것 같다. 그렇다면 문맹퇴치운동, 농촌계몽운동 등이 시작된 1920년대는 1930년도보다 문맹률이 더 높았을 것이다. 1920년대 농촌 여성들의 문맹률은 거의 98퍼센트이상이었을 것이다.* 신문을 읽으려면 높은 문해력이 필요하다. 상당한 교육이 이미 전제되어 있어야 한다. 소리글자인 한글의 소리기호를 가갸거겨 읽을 줄 알고, 이름 석 자 쓸 줄 안다하여 신문과 잡지에 실린 문장의 뜻을 이해할 수는 없다. 위 신문기사들이 쓰인 1920, 1930년대에 열에 아홉은 한자도 한글도 일본어도 영어도 쐐기문자도 어떤 글자도 읽지 못했다. 대부분의 사람들은 특히 여성들은 상점 간판을 읽지 못했고, 집과 논밭 계약서를 읽지 못했고, 편지를 쓰고 읽지 못했고, 관공서에서 서류를 처리하지 못했다. 그곳에서 신문은 무엇이었을까.

---

* 노영택, 「일제시기의 문맹율 추이」, 『국사관논총(國史館論叢)』 제51집, 1994년 6월, 129~130쪽.

이 근대적 뉴미디어를 반으로 접고 또 접은 후 손바닥 크기로 잘라 화장실에서 똥을 닦았으며, 혹은 두 팔 벌려 넓게 펼친 후 그 위에서 나물을 다듬고, 김에 들기름을 발라 소금을 뿌렸고, 짜장면과 짬뽕을 먹었다. 정육점에선 고기 근을 신문에 말아 팔았고, 참기름을 담은 유리병을 신문에 감싸 떠나는 먼 길에 안전을 기했다. 둘둘 말아 파리를 때려잡았고, 지붕 낮은 방 한기를 뿜어내는 시멘트벽에 벽지로 발랐고, 잠들 집 없는 노숙자들은 신문을 덮어 뚫린 하늘 아래 한기를 막았다.

시대가 바뀌어도 마찬가지다. 식당에서 키오스크로 주문하지 못하는 기계맹자들은 뒤통수를 달구며 슬그머니 돌아나간다. 스마트폰, 인터넷을 이용할 줄 모르는 자들은 WWW 세상의 이방인이고 미디어 난민이 된다. 맹자, 난민, 이방인들은 정보의 세계에서 부끄럽고 치욕스러운 정념으로 추방된다. 미디어 난민은 세상을 재현하고 움직이는 힘을 갖지 못한다.

신문을 만드는 자가 말했다.

On December 30, 1924, astronomer Edwin P. Hubble announced his discovery of the spiral nebula Andromeda, proving for the first time that our own Milky Way was but one of many galaxies in the vast universe.

For years astronomers have speculated as to whether various nebulous formations in the heavens belongs to this

universe or were 'island' universes of their own, immea-
surable distances away.

1924년 12월 30일, 천문학자 에드윈 P. 허블은 나선형 성운 안드로메다를 발견했다고 발표했습니다. 이로써 우리 은하는 광대한 우주의 많은 은하 중 하나에 불과하다는 것을 처음으로 증명하였습니다.

수년간 천문학자들은 관찰되는 성운들이 우리가 사는 우주에 속하는 것인지 아니면 저 멀리 독립된 전혀 다른 외부 우주들인지 고심했습니다.

글을 모르는 자가 노래했다.

은하? 푸른 하늘 은하수 하얀 쪽배에 계수나무 한 나무 토끼 한 마리.

신문을 읽을 줄 아는 자가 말했다.

アンドロメダ銀河は日本から約250万光年の距離に位置し我々の天の川銀河より2倍も大きいです。光年ということは、光のように速く走って250万年かかるのですね。劫の時間だと思ってください。

宇宙は突然今までの誰が想像していたよりも遙かに大きな空間になりました。私たちの銀河系は宇宙の中心として唯一の存在ではありません。

안드로메다은하는 일본 땅에서 250만 광년 떨어져 있고 우리가 사는 이 은하보다 두 배나 더 큽니다. 광년이라는 것은 빛처럼 아주 빨리 달려서 250만 년 걸린다는 것입니다. 겁劫의 시간으로 생각하면 됩니다.

우주는 갑자기 지금까지 누가 상상했던 것보다 훨씬 더 큰 공간이 되었습니다. 우리 은하는 우주의 중심으로서 유일한 존재가 아닙니다.

글을 모르는 자가 노래했다.

돛대도 아니 달고 삿대도 없이 가기도 잘도 간다 서쪽 나라로.

글을 아는 자들은 한때 조선 땅에 금지되었던 우주도 전했다.

太初上帝創造天地

地乃空曠混沌淵面晦冥 上帝之神運行於水面

上帝曰當有光卽有光 上帝視光爲善

上帝遂分光暗 上帝名光爲晝 名暗爲夜

有夕有朝 是乃一日

맨 처음 신이 천지를 창조하시었다. 땅은 갈피없이 텅 비어 깊고 어두웠다. 신은 물 위에 감돌고 계셨다. 신이 가라사대 빛이 있으라 하매 빛이 있었다. 신이 보기에 빛이 좋았다. 신이 빛과 어둠을 나누었다. 빛을 낮이라 이름하고 어둠을 밤이라 하였다. 그렇게 낮과 밤이 만들어지니 이것이 첫 번째 날이로다.

습지 사람들이 소리를 냈다.

아, ЖחЩㅇ으으, ⊙ЛⱯ@#$%으윽^&*~, *&^%~~으아악.

이곳 습지에는 빛도 낮도 없어요, 아직 첫 번째 날이 열리지 않았어요. 어둠의 속도로 얼마를 달려야 낮과 빛이 있는 당신들의 우주에 갈수 있나요.

신문은 마치 온 우주를 들여다볼 수 있는 수정 구슬 같아 보인다. 신문은 저 멀리 안드로메다은하에서 여덟 겹 담장 안 습지까지 모두 들여다보는 듯하다. 1920, 1930년대 종이 신문을 읽을 수 있던 사람들은 시대와 세상을 관찰하고 세상과 자신의 관계를 성찰할 수 있는 '어떤 자아'를 구성했다. 성찰하며 고뇌하는 자아는 유리 조각처럼 곤두선 불면의 아침, 모닝 가배를 마시며 신문을 펼쳐 세상 앞에 선다. 사회면 2단 박스 기사에 습지가 있다. 위조지폐 발견, 폭약 밀매, 양잿물을 마시고 자살 시도, 청소년 주취 난동, 돈에 속고 사랑에 울고, 옅은 안개가 피어오르는 어두운 뒷골목, 서성이는 검은 그림자들, 막다른 골목길 타다다닥 구둣발 소리, 비둘기는 날아가고 비는 내리고 올려 세운 바바리코트 깃, 어디선가 이명처럼 파고드는 여성의 비명소리, 휙~ 사라지는 헛것들, 아~ 어지러워. 습지는 누아르 채널인가 테마파크인가.

습지에서 일어나는 온갖 강력 사건들은 매우, 뚜렷이, 눈에, 확, 띄게, 아주, 잘 보이지만, 성매매는 보이지 않는다.

어젯밤 미아리 588, 청량리 텍사스, 인천 옐로하우스, 파주 용

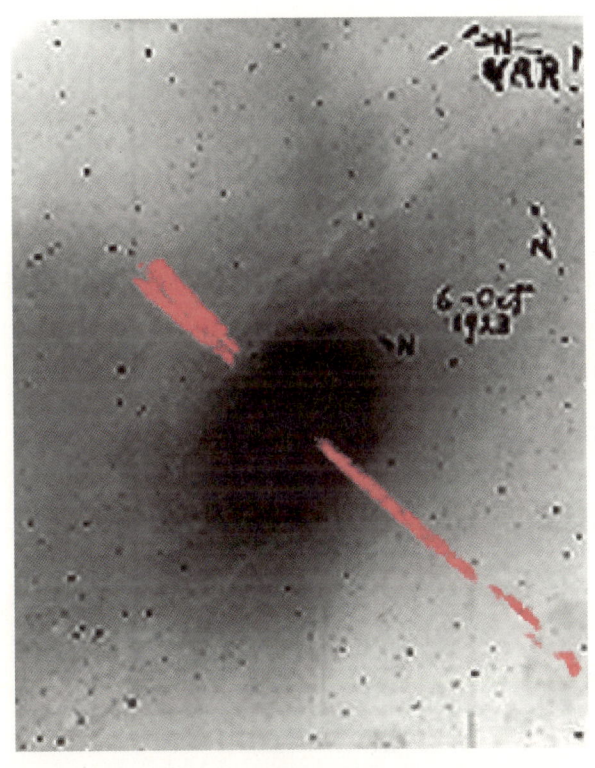

1924년 허블이 관측한 안드로메다은하의 사진 건판_Carnegie Obervatory.
이미지 위에 드로잉.

주골, 전주 선미골, 대구 자갈마당, 부산 완월동에서 집단 성매매 사건이 일어났다고 아무도 보도하지 않는다. 기사로 보도되지 않으면 마치 없는 듯하다. 보이지 않는다. 세상에 존재하지 않는다. 그런 일이 일어나지 않은 걸로 한다. 일어났다 한들 어찌할 것인가. 세상에 넘쳐나는 기아와 불의, 폭력과 야만이 어디 한두 개인가. 성매매는 성찰하며 고뇌하는 자아의 카페인 같은 불침번의 대상이 아니다. 습지는 도시의 기차역 앞에만 있는 것이 아니었다. 미디어 안에서 습지는 매번 여덟 겹의 담장에 갇혔다.

기차만큼 빠르게, 십자로만큼 사방팔방으로, 담배전매공장만큼 한번에 다량으로 신문은 세상을 쓸었다. 하지만 신문이 '세계-자아'였던 자들과 신문이 '종이로 된 물건'이었던 자들은 우리 은하와 안드로메다은하만큼 멀었다.

3

동성연애로 정사情死,

대구유곽 금해루金海樓의 참극,

두 명이 모다 생명은 구힛다

경북 셩주군 셩주면 례산동 오십륙 번디 설복슌(23)과 대구 남산명 팔십이 번디 박슌덕(20)의 두 녀자는 대구시내 팔즁원명 八重垣町 유곽遊廓 금해루金海樓의 창기인대 이십이일 오후 십일 시경

매일신보, 1925년 3월 26일

에 두 사람이 함끠 복슌이의 방에셔 양재물을 마시고 고민하는 것을 기부妓夫인 송몰이가 발견하고 즉시 경찰관 파츌소에 급보하는 동시에 자동차로 두 사람을 대구 자혜의원으로 다리고 가셔 응급수당을 밧게하고 계속 치료한다는 바 다힝이 발견을 일즉이 하기 쌔문에 두 사람의 싱명에는 관계가 업스리라는대 자살하고자한 원인이 업는 것으로 보면 필경 두 녀자가 동성애同性愛로 말미암아 갓치 졍사하고자 한 모양이라더라

- 매일신보, 1925년 3월 26일

유곽의 창기 설복순과 박순덕이 함께 양잿물을 마시고 자살을 시도했다. 주민등록 주소, 직장 주소, 나이와 이름, 목격자의 진술, 병원 진단과 소견, 경찰 탐문 경위 등 모든 정보를 나열한 뒤 기자가 한 말은 "자살하고자 한 원인이 없다"이다. "원인이 없다"가 기자의 마음을 움직였을까? 미지의 것 앞에 선 강렬한 이끌림. 낯설고 섬뜩한 것에 압도당하는 아드레날린. 시인이라면 몸살을 앓으며 얻고자 했을 이 풍요로운 혼돈의 세계에 기자가 매혹되었을까? 이 사건에 대한 '알 수 없음'의 무게는 깊다. 앎으로 전환되지 않아 해석할 수 없는 공백에 대한 공포 앞에서 '습지에 사는 이십 대 두 여성이 함께 양잿물을 마시고 자살을 시도한 사건'은 기자에게 알 수 없는 공백인 채로 끝내 남지 못했다. 기자는 기자이지 시인이 아니니까. 기자는 그가 다다른 공백에 대한 공포를 안전한 앎의 세계로 이끌 어떤 영역을 발견했으니 그것은 '동성애'이다. "자살하고자 한 원인이 없는 것으로 보면 필경 두 여자가 동성애로 말미암아 같이 정사하고자 한 모양이라더라." 기자에게 동성애는 양잿물을 마시고 죽어야 할 충분한 이유가 된다.

'기자가 습지 동반자살 사건의 원인을 동성애로 결론 내린 사건'은 5초 동안 내 앞에 알 수 없는 거대한 공백으로 남았다. 즉, 어이가 없어서 잠시 멍했다. 그리고 나도 기자처럼 이 공백이 두렵다. 동성애가 절멸의 이유라고 결론 내리는 기자의 말이 무섭다. 낯설지도 않고 처음도 아니고 들을 때마다 지긋지긋하고 어이가 없지만, 이 졸렬한 편견과 혐오는 힘이 세다. 동성애가 절멸의 이유가 되는 이

혐오의 우주에서 습지는 그저 속을 알 필요도 없는 금지의 블랙박스로 남는다.

기자가 습지에서 일어난 동반자살 기도 사건을 취재하고 있을 때, 습지를 둘러싼 여덟 겹의 담장은 웅~웅~거리며 감전된 목소리로 노래했다.

> 사랑도 써나고 봄꽃도 다 져버려
> 밤마다 매치는 눈물의 곡절에
> 마음의 장식도 쓸쓸히 마쳐서
> 이 세상 뱃길을 내홀로 써나리*

이 노래는 동구라파 부다페스트, 이웃에 살던 사람들이 이유도 없이 끌려가 가스실의 연기로 사라지던, '세상의 끝'에서 떠돌던 노래였다. 노래는 유태인·슬라브인·집시·장애인·정치범·공산주의자 그리고 동성애자 들이 절멸된 자리에서 피어올랐다. 뒤에 남겨진 사람들은 세상의 끝에서 돌림병에 걸리듯 이 검은 노래로 스스로 목숨을 끊었다. 도시는 노래를 가두어 죽음을 멈추게 하려 했지만

---

* 탁성록 노래, 팽환주 작사, 〈어두운 세상〉, 리갈 레코드 1937년, 2절 가사. 이 노래는 번안곡이다. 1933년 레조 세레스(Rezso Seress)가 〈세상의 끝〉이라는 제목의 연주곡으로 작곡했고, 1935년 야보르 라슬로(Jávor László)가 곡에 노랫말을 붙여 〈슬픈 일요일〉이라는 노래로 만들었다. 영화 〈글루미 선데이(Gloomy Sunday) 1999〉 주제가로 유명하다. 이 노래를 듣고 자살한 사람이 많았다는 풍문이 있다.

1930년대 평양 100경 기념 엽서_공유마당

지구 모든 대륙이 피를 흘리던 그 시대, 노래는 팬데믹으로 퍼져나 갔다. 지구 반대편 조선 역시 세상의 끝에 서 있었고 습지는 물론 비습지에서도 죽음은 이 노래와 함께였다. 세상의 다른 끝 식민지 조선에 유태인·슬라브인·집시는 없었지만, 필요하다면 조선인과 중국인 그리고 일본인 중에서도 유태인·슬라브인·집시를 대신할 절멸 대상자들은 얼마든지 있었고 장애인·정치범·공산주의자·동성애자 들 역시 충분했다. 습지 여성 설복순과 박순덕의 동성애는 조선에서도 절멸의 이유로 그려지니 말이다. 설복순과 박순덕이 실제로 동성애 관계였는지 아닌지는 전혀 중요하지 않았을 것이다. 그리고 설사 동성애 관계였다 해도 동성애가 그 둘의 자살 시도 원인이었는지 아닌지도 중요하지 않았을 것이다. 습지 여성들이 마이크와 펜을 갖고 스스로 발언하기란 좀처럼 힘든 일이었고, 습지는 가십의 대상일 뿐이었으니까.

검은 노래가 동구라파에서 누아르 상르에 속했다년, 회수를 건너 조선에 온 노래는 '고어 블랙코미디'였다. 습지를 둘러싼 신문 계급은 세상의 끝, 습지에 스며든 여성들의 생존과 절멸을 '에로그로난센스'*한 것으로 소비했다. 습지에서 일어난 두 젊은 여성의 미스터리한 동반자살 사건이 결국 에로틱하고 그로테스크한 동성애로

---

* '에로그로난센스'는 erotic(선정적인), grotesque(엽기적인), nonsense(터무니없는)를 합친 일본말이다. 1920년대 후반에서 1930년대 중후반까지 일본과 조선의 언론과 대중매체, 소설 등의 창작물에서 에로그로난센스가 유행했다.

밝혀지는 이야기처럼 말이다. 설령 '동성애로 말미암은 정사情死'가 사실이었다 하더라도 올바른 표현은 '동성애에 대한 사람들의 편견과 혐오, 배제가 이들을 죽음으로 내몰았다'가 옳다.

습지를 다룬 기사 하나를 더 보자.

> 청루靑樓에서 군인軍人 자문自刎, 창기에 정들이고 살 수 업서
> 대구大邱 유곽遊廓의 면도面刀 정사소동情死騷動
> 이십삼일 오전 여덜 시경 대구부내 팔중원명 유곽 내 일본인 영업 대매루大梅樓에서 동루창기 도태랑桃太郎(26)과 부내 모 군대방면 상등병 흑조백부黑鳥百夫(28)의 두 명이 예리한 면도칼로 모다 경동맥을 쓴어 자살한 것을 그 루 사람이 발견 하얏다는데 이 보고를 들은 대구서에서는 곳공의와 함께 검시하얏다는 바 군졸과 창기가 그와 가치 자살한 리면에는 심상치 안흔 사정이 숨어잇다더라.
> —동아일보, 1924년 5월 9일

기사 내용을 보면 창기娼妓와 군인이 동반자살을 했다. 그러나 제목은 '일본 유곽에서 군인이 자살'했다는 내용이고, 부제는 창기와의 '(부적절한) 사랑'때문에 군인이 자살한 것으로 되어 있다. 함께 자살한 습지 여성은 군인이 자살한 사건의 후경으로 배치되어 있다. 자살한 이들의 지인들이 증언을 하였거나 망자 스스로가 직접 유서를 남겼는지는 기사에 없다. 하지만 기자가 뽑은 부제를 보면

창기와의 사랑은 삶을 지속할 수 없는 절멸의 이유가 된다.

이런 기사는 1923년 부잣집 도련님 장병천과 기생 강명화의 정사 스캔들, 1926년 〈사의 찬미〉로 유명한 가수 윤심덕과 유부남 김우진의 정사 스캔들 등의 하위 버전으로 볼 수 있다. 동시대인이었던 나혜석은 유교적 구습에 갇힌 여성과 달리 자신의 의지로 능동적이고 진정한 사랑을 할 줄 아는 이는 기생밖에 없다며 강명화의 죽음을 애도했다. 같은 판단을 창기에게는 할 수 없었을 것이다. 창기들은 연애의 대상이 아닌 성매매의 대상이었다.

강명화와 윤심덕 스캔들은 신문과 잡지, 영화, 소설, 대중가요, 연극, TV드라마 등에 최근까지도 등장했다. 대중의 사랑을 받은 데는 여러 이유가 있을 것이다. 금지된 사랑은 애틋하다. 그리고 무엇보다도 한번쯤 속 시원하게 돌파해보고 싶었던 유교적 억압을 과감하게 깨뜨린 연인들에게 보내는 응원이었을 것이다. 용감한 연인들은 자신들의 욕망과 존엄을 포기하지 않고 끝까지 사랑했다. 물론 그 시대 모던한 정념인 '자유연애'가 수입되어 새로운 상품으로 미디어 시장을 점령했고 선정적인 연예인(기생) 스캔들은 당연히 잘 팔리는 상품이었다.

평양권번 기생 강명화는 쥐약 '네꼬라이즈'를 먹고 연인 장병천의 품 안에서 죽는다. 1972년 연재되기 시작한 최인호의 소설 〈별들의 고향〉에서 호스티스인 경아는 시린 새벽 밤새 쌓인 눈으로 수면제를 삼키며 안드로메다로 간다.

1972년은 임자년壬子年 쥐띠 해이다. '간첩을 색출하듯 쥐를 잡

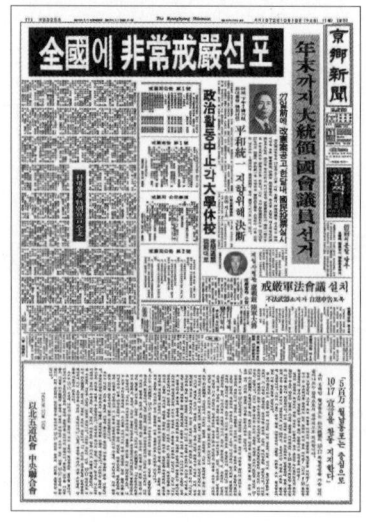

경향신문, 1972년 10월 17일

아 '쥐 없는 명랑한 사회를 건설하기' 위해 학생들은 쥐 박멸 웅변대회에 출전하고 쥐를 잡아 죽이는 포스터를 그렸다. 쥐띠 해 10월 17일 비상계엄이 선포되고 국회 해산, 헌법 정지, 모든 시위 집회 및 정치 활동 금지, 언론출판 사전 검열, 대학 휴교 등으로 국가는 코마 상태가 되었다. 그해 정부는 "쥐잡기 운동에서 4,728만 6,027마리 쥐를 잡아 목표대비 91.4퍼센트의 실적을 올렸으며, 119만 8,569석의 양곡 손실을 방지했다"고 발표했다.

하지만 쥐약을 먹고 죽은 것은 쥐만이 아니었다. 집집마다 쫑, 메리, 워리 들이 마당에 있는 무언가를 먹고 픽픽 쓰러져 갔다. 노동자, 대학생, 야당 정치인, 지식인 들이 어느 날 남산으로 끌려가 돌아오지 않았다. 산업역군들은 타이밍을 먹으며 잔업을 하고도 쥐꼬리 월급으로 '잘살아보세' 하기에는 너무 힘들어 쥐를 잡는 대신 쥐약으로 가족과 함께 목숨을 끊었다.

티켓 다방 여종업원과 술집 호스티스 등 습지 여성들을 등장시킨 소설과 영화는 1970년대 대중매체 시장을 석권했다. 〈별들의 고

1972년 쥐잡기 포스터_국가기록원. 이미지 위에 드로잉.

향, 1974〉, 〈영자의 전성시대, 1975〉, 〈겨울여자, 1977〉, 〈꽃순이를 아시나요, 1978〉, 〈O양의 아파트, 1978〉 이른바 호스티스 멜로물은 습지를 가장 충실하게 소비한 상품이었다. 범죄와의 전쟁을 선포한 유신체제는 대중의 정념을 검열했다. 하지만 성매매 소재는 오히려 유일하게 검열을 받지 않는 블루 오션 장르였다.

1974년 상영된 호스티스 멜로 장르의 본격 영화 〈별들의 고향〉은 서울관객 46만 5,000명으로 최고의 흥행기록을 세웠고 1973년 출간된 소설 『별들의 고향』은 100만 부가 팔렸다. 같은 해 1973년 대한민국 자살률(10만 명당)은 27.6명이었고 1975년은 31.9명으로 대한민국 역사상 가장 높다.*

---

* 정승화, 「한국사회 자살 통계에 대한 장기 추세 분석: 『경찰통계연보』 1953년~2015년 자살 통계를 중심으로」, 『사회연구』 통권 31호(2017년 1호), 122쪽.

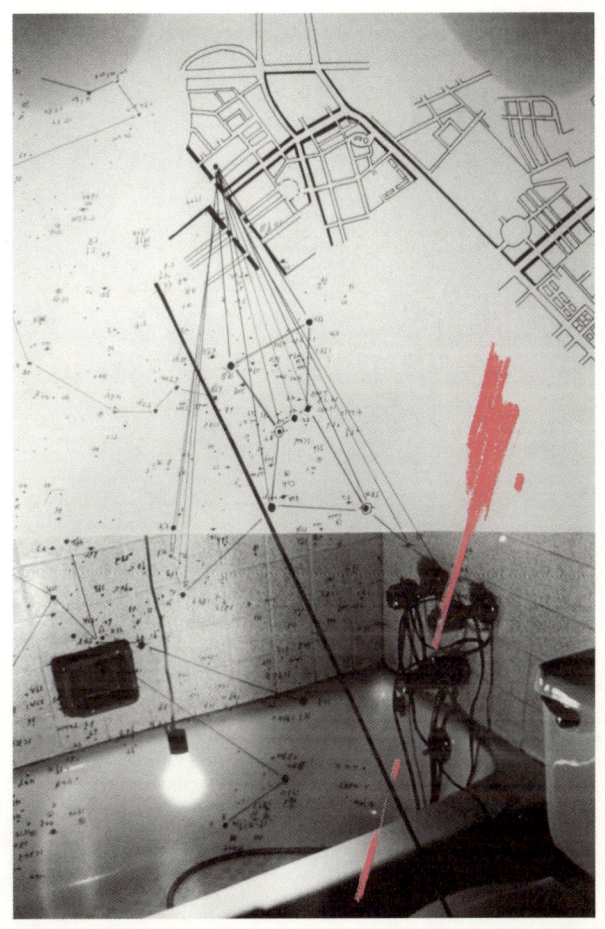

ⓒ이수영, 2005

V

이방異邦의 신

1

읍성 북문 밖, 하늘의 북두北斗가 땅으로 쏟아져 내린 일곱 개의 바위. 칠성바위는 남서쪽에 솟아오른 토성을 바라보고 있다. 토성이 이곳의 가장 높은 건축물이라고는 하나 낮은 구릉 위에 흙을 돋아 지어 올린 성이다. 하지만 아주 작은 차이라도 있다면 힘은 작용한다. 사방이 트인 넓은 평야인 이 지역에서 토성이 올라선 언덕은 가장 높은 곳이었고, 토성의 힘은 '차이'를 만들어내는 데 있었다. 차이의 정치 공학을 아는 토성 세력은 2세기 즈음 이곳에 성을 쌓아 올렸을 것으로 추정된다. 토성은 북서쪽 강을 등지고 동남쪽으로 아득한 들을 바라보며 서 있다. 토성은 도시 전체를 360도 파노라마

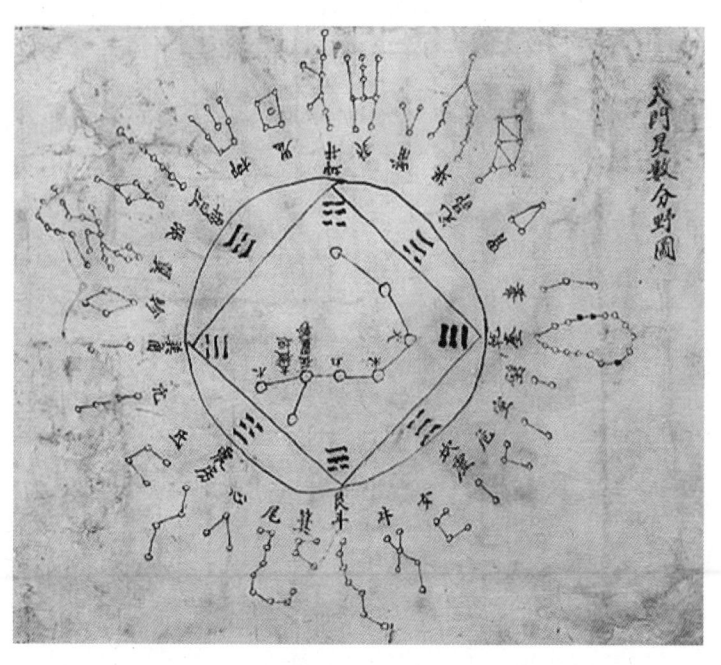

천문성수분야도(天門星數分野圖), 조선시대 후기_성신여자대학교 박물관.
북두칠성을 중심으로 8괘와 28개의 별자리를 늘어놓았다.

로 내려다봤다.

흙을 다져 올린 토성과 달리 돌로 쌓은 읍성은 벌판 한가운데 튼튼했다. 흙이 물러서고 돌이 당당해진 것은 16세기 말이다. 흙으로 된 워치타워와 달리 석축 읍성은 일상에 스며든 판옵티콘이었다. 읍성 안에 세워진 중앙청사는 세금과 치안·교육·위생·물류·교육·풍속 등 도시의 모든 일상을 계획하고 관리했다. 그것은 토성처럼 눈에 보이게 솟아오른 시각적 권력이라기보다 유교적 코스몰로지에 기반한 윤리와 상식이라는 국가의 이름이었다.

토성에서 읍성으로 세대 권력은 갈렸어도 여전히 이 도시의 상징은 토성에 있었다. 사람들은 집에서 밥을 먹든 들에서 일을 하든 자신을 굽어보는 토성을 보았다. 올드 미디어 토성은 행정력은 잃었지만 읍성 시대에 새로운 역할을 하게 되었다. 도시의 뿌리, 기원, 역사 이런 달콤하고 강력한 공통감으로 토성은 건재했다. 이 도시의 사람들은 모두 토성으로 대표되는 자신들의 내력을 존중했다. 읍성의 권력이 한양의 강력한 중력장의 아바타라면 토성은 다른 지역에는 없는 이 도시만의 특성이었다. 다른 지역과의 차이는 곧바로 이 지역의 정체성으로 작용했다.

칠성바위는 토성이 올라서기 전 아주 까마득한 옛날부터 이곳 사람들의 불안한 소망과 의심스러운 안정을 위로했다. 칠성바위의 역할을 토성과 읍성은 차례로 자처하고 나섰지만, 칠성바위를 어쩌지는 않았다. 밤하늘 일곱 개의 별이 보여주는 그 명징하고 간편한 시각적 힘을 토성과 읍성 또한 공유하고 있었기 때문이다.

산이 많은 한반도의 다른 마을과 달리 한없이 너른 들이 펼쳐진 이곳에 북극성을 도는 하늘의 일곱 별 북두를 가릴 높은 산은 없다. 북두칠성이 아무리 지평선 가까이 낮게 걸려도 마을사람들은 쉬 별자리를 찾아냈다. 이 마을의 북두 신앙은 유난했다. 태어난 아기가 삼칠일이 되면 칠성바위에 감사하고 사람이 생을 다하면 일곱 구멍이 뚫린 칠성판에 모셨다. 구멍 뚫린 마음, 문득 고개를 쳐드는 욕망, 자꾸 충동질하는 불안 같은, 읍성과 토성이 통제하지 못하는 뜨겁고 희미한 것들을 칠성바위는 다독였다.

지구에서 가장 멀게는 124광년에서 가장 가깝게는 58광년 떨어진 일곱 개의 천체들은 서로 물리적으로 친밀하고 유의미한 관계를 갖지 못하지만, 지구 대기권 스크린 평면에 국자 모양으로 얹어진 밤하늘 일곱 별의 명징한 스펙터클은 강력한 미디어였다. 내일도 모래도 내년에도 100년 후에도 항상 정북正北을 가리키는 하늘의 부표. 무상하여 어질한 시방삼세十方三世에 시간과 공간을 가늠할 수 있게 하는 이 안정적 추상성은 그 위에 무궁한 개념들을 탑재할 수 있는 순정한 플랫폼이었다. 그 바를 정正자의 추상적 안정성은 세상을 안전한 것으로 만들었고 삶을 준비하고 계획할 수 있게 해주었다.

하지만 칠성바위 역시 새로운 종교에 자리를 내주며 신앙이 아닌 역사가 되어야 할 때를 맞이했다. 1905년 우리의 습지가 있는 이 도시로 이주한 카와이 아사오의 입을 통해 칠성바위는 다음과 같이 진술한다.

시모노세키를 거쳐 현해탄을 17시간 만에 건너 한반도 남쪽 항구도시에 내렸다. 그곳에서 늦은 시간 무개화차를 타고 다시 다섯 시간 걸려 이 도시의 읍성 북문 기차역에 내렸다. 역 앞에는 짚을 얹은 철도원 주택이 있을 뿐 사방은 풀밭으로 망망하다. 그리고 그 옆에, 몇천 년을 그 자리에서 지낸 듯 바위 일곱 개가 북두칠성 모양으로 서 있었다. 일본 고향 집에서 3박 4일에 걸쳐 기차를 타고 배를 타고 다시 기차를 타고 왔는데, 그 칠성석을 보니 내가 도대체 어디에 온 것인지 아찔했다. 에도시대로 다시 돌아간 것인가. 나의 바람은 그다지 크지 않았다. 조선에서 4, 5만 원 정도의 돈만 벌게 되면 빨리 고향으로 돌아가서 자랑하고 싶었고, 5만 원만 있으면 평생을 편히 지낼 것으로 생각했다. 씨앗 돈 200원을 모아 목숨을 걸고 왔는데 그 칠성석을 보자 미래가 아니라 오히려 과거로 온 기분이었다. 칠성석 앞에 넓은 신작로가 닦여 있지 않았으면 에도시대로 다시 돌아간 듯한 어지러움에서 헤어나오지 못했을 것이다. 신작로 건너편엔 앞 얼굴만 번지르한 바라크 건물의 여관 몇 채가 있었다.*

기차역이 생기고 읍성이 무너진 뒤 '칠성바위'라는 오랜 GPS는 빛이 바랠 시간이 다가왔다. 북두 신앙은 더 이상 사람들에게 위로와 질서를 주지 못했다. 근대에서 타임머신을 타고 전근대 조선에

---

*   카와이 아사오, 앞의 책, 5~6쪽을 기반으로 글쓴이가 이야기를 꾸몄다.

내린 카와이 아사오의 증언에서 칠성바위는 종교에서 민속으로 자리를 옮겨가고 있다.

2

러일전쟁에서 뤼순전투는 가장 길고 가장 많은 사상자를 낸 치열한 전투였다. 1905년 1월 2일 결국 일본은 러시아의 제1 태평양 함대를 궤멸하며 뤼순항을 함락했다. 뤼순항은 랴오닝반도 맨 끝에 있는 항구로 만주로 들어가는 톨게이트였다. "아시아 국가가 서구 열강을 이겼다." "드디어 일본은 선진국, 문명국, 근대적 국가가 되었다." 메이지의 꽃 노기 마레스케 乃木希典 중장은 최소 8만에서 최대 15만의 군력을 뤼순 공략에 투입하였다. 공식적으로 5만 7,780명의 사상자를 냈다. 사상자 중 약 5분의 1인 1만 4,000여 명은 전사하였고, 약 5분의 4인 3만 3,769명은 병에 걸려 죽거나 죽을 만큼 아파 싸울 수 없었다. 병마는 러시아군보다 무서웠다.

뉴스는 기차처럼 빨랐다. 뤼순항 함락 겨우 3일 뒤인 1905년 1월 5일 습지가 있는 읍의 일본 이주자들은 칠성바위 앞에서 전승 축하회 및 전몰자 추도회를 열었다. 당시 습지 시의 일본 이주자는 모두 800여 명이었고 조선인 거주자는 2만 명이었다. 뤼순 함락 축하회에는 1,000여 명이 모였다. 승리한 자의 잔치에는 초대받지 않은 손들도 모이게 되어 있다.

칠성바위 앞에서 일본의 승리를 축하하는 것은 자연스럽고 현명한 일이었다. 칠성바위 앞에서 구지가를 부르면 거북이는 어쩔 수 없이 머리를 내놓을 수밖에 없으며, 칠성바위 앞에서 열 명이 모여 같은 말을 하면 없는 호랑이도 만들어낼 수 있다는 것을 일본 이주자들은 잘 알고 있었다. 칠성바위 앞 공터는 읍민들의 포털이었고 저널이었고 소셜 미디어였다.

같은 해인 1905년 3월 10일 결국 선양까지 조여 간 일본군은 엔꼬난 국고로 전쟁을 밀어붙이고 있었다. 자국 인민들의 냄비 솥까지 뺏어 탄환과 포탄을 만들고, 3억 달러의 외채까지 영끌로 모으고, 러시아와 미국의 불편한 관계를 이용해 미국에서 새로 국채를 얻었다. 뤼순항 노기 장군의 제3군 군대와 조선 주차 군을 차출한 압록강 군대 등을 총동원하여 8개의 사단이 선양을 향해 러시아군을 몰아붙여 결국 승리하였다. 일본인 이주자들은 선양 대회전大會戰을 크게 축하하였다. 전승 소식은 이번에도 기차처럼 빨랐고 3월 15일 일본인 거류민단은 다시 잔치를 벌였다. 이번에는 토성에서 열었다. 일본 상인들은 참가자들에게 "미증유의 대전첩을 축하하며 만주滿洲 및 동양東洋 권연초 1개씩을 드리고, 아사히 비루에서도 맥주 1병씩, 삿포로 특약점에서도 맥주 1병씩을 기증"하였다.*

첫 번째 전승 기념식은 읍의 성지인 칠성바위에서 열었고 두 번

---

*   카와이 아사오, 앞의 책 24쪽.

째 전승 기념식은 읍의 상징인 토성에서 열었다. 일본인들의 전승 기념식은 이 습지 시의 정신을 정확하게 파악한 장소 특정적 퍼포먼스였다.

3

일본 군대는 남쪽 항구로 들어와 이 읍에 머문 뒤 조선을 대각선으로 가로질러 기차를 타고 북으로 떠났다. 살아 있는 젊은 남자들이 북으로 떠나고 죽은 젊은 시체들은 남쪽으로 돌아와 배를 타고 일본으로 떠났다. 죽은 군대와 산 군대가 지나간 후 이번엔 신神이 들어왔다.

일본 이세 신궁에서 파견된 이방의 신은 기차를 타고 왔다. 기차는 빠르다. 그래서 신도 빠르게 들어왔다, 온다는 말도 없이. 기다리다 지치거나 지루하게 말만 무성한 채 오지 않는 신에 익숙했던 자들은 예고도 없이 이방의 신이 기차를 타고 들어오자 혼란스러웠다. 신은 혹시… 제발… 부디… 하는 기다림에 있는 것이지 닥쳐오는 현전에 있는 것이 아니었지만, 새로 들어온 이방의 신은 어차피 그럴 필요가 없었다. 믿음을 구하려 들어온 것이 아니라 점령을 위해 들어온 것이기 때문이다. 기차가 아직 없던 때 배를 타고 먼 물길을 돌고 돌아 중국 대륙 필터를 거쳐 들어온 다른 이방의 신들은 박해를 받았지만, 한자문화권에 습합되고 민중의 신뢰를 얻어 서서히 젖어 들었다. 하지만 기차가 생기고 들어온 이방의 신은 곧바로 점령군의 모습으로 닥쳐 왔다.

기차에서 내린 신은 토성으로 갔다. 가장 높은 곳, 가장 오래된 곳, 도시 전체를 관찰할 수 있는 곳, 도시 어디에서나 쉽게 눈에 띄는 곳, 도시의 정체성, 기원의 육화肉化인 토성을 신의 집으로 삼았다. 또한 자비, 믿음, 소망과 같은 뜨뜻미지근한 예우로 신은 오지 않았다. 명쾌하고 확실하게 눈에 보이는 사물로 왔으며 행정 테크놀로지로 왔다. 토성을 빼앗긴 사람들은 혼란스러웠다. 토성을 뺏은 사람들에게 신의 궁전을 짓는 것은 순리이고 질서였다. 혼란과 질서가 토성 안에서 부딪혔다.

그 시시한 부딪힘은 뽕나무로 시작되었다. 도시의 원로들은 토성 안 광장에 뽕나무를 심기 시작했다. 누에를 치기 위해 뽕나무를 심기로 했다며 부동산 권리를 주장해봤다. 이방의 신관들은 허락하지 않았다. 원로들과 실크벌레들은 뽕잎을 들고 수줍게 항의했다. 인간과 신의 싸움에서 승패는 뻔한 것이었다.

칠성바위를 모시는 만신은 어느 날 칠성각 안에 모시던 만명부인의 명두明斗(거울)에 이슬이 돋는 것을 보았다. 김유신 장군의 어머니 만명부인을 모시는 만신들은 거울을 법물法物로 쓴다. 거울에 온 모습을 비추면 아무리 사특한 존재라도 그 본색을 드러내기 때문이다. 만신은 기차역에서 토성으로 이동하는 이방의 신의 동좌動座 행렬 신여神輿에서 강력한 경금庚金의 기운이 뻗어나오는 것을 느꼈다. "오옷! 저 신여 안에 귀경鬼鏡이 있다!" 만신은 칠성바위 앞에서 지나가는 신여 안 이방의 신을 향해 명두를 비추어 봤다. 북두진北斗陣을 펼친 일곱 바위에 일월日月 명두까지 더해 구성진九星陣을 펼쳤지만 명두는 뻘뻘 이슬을 흘릴 뿐 상을 맺지 못했다. 만신은 이방의 신의 신력 사이즈에 먹먹했다. 혹시 저 신여 속 강력한 경금의 기운은 삼종신기三種神器* 중 하나인 야타의 거울인가! 세상의 모든 빛을 삼키기 위해 언젠가 세상에 나올 것이라던. 저 거울이 청동검과 곡옥曲玉을 만나면 이 땅에 피바람이 불 것이다.

망연자실한 만신은 칠성님의 운명이 예전 같지 못하리라는 것을 알았다. 북두칠성님이 설화와 민속 콘텐츠로 기울기 시작한 것은 16년 전인 1890년 읍성 남쪽에 푸른 눈의 이방의 신이 신전을 세울 때였다. 그러나 이 도시의 백성들은 푸른 눈의 이방의 신을 두려워하지는 않았다. 조정과 여당 사대부들만 분노했다. 실은 그 분노는 두려움의 다른 이름이었다. 서학의 이름으로 온 신과 동학난의 신이 모든 사람은 평등하다고 말했기 때문이었다. 하지만 기차를 타고 토성에 들어온 이방의 신은 천황의 편이지 백성의 편이 아니었다. 특히나 식민지 백성은 말할 필요도 없었다.

이방의 신이 토성에 궁궐을 짓고 안착하자 토성은 더 이상 이 도시의 기원과 정체성이라는 시각적 스투파를 그만두었다. 일본인들

---

* 삼종신기(三種神器)는 일본 왕가가 일본의 신 아마테라스에게 받아 대대로 계승한다는 세 가지 물건이다. 일본 왕은 신의 후손인 천황이라는 상징이다. 청동거울(야타의 거울), 청동검(구사나기의 검), 굽은 옥(야사가니의 옥)이다.

은 토성을 손보고 일대를 개발하기 위해 땅을 파헤치던 중 고총고분 古塚古墳 87기를 발견했고 그중 7기를 발굴하여 매장문화재를 수습하였다. 토성의 남서쪽으로 이어진 집채보다 큰 무덤들에서는 사슴뿔 모양의 금동관, 거북 모양의 토기, 로만 글라스Roman Glass, 금동쌍검, 방울, 동銅으로 만든 거울 등이 발견되었다. 토성과 칠성바위는 고고학과 민속학이 되었다. 읍 사람들과 함께 눈부신 삶을 살았던 토성과 칠성바위는 전문가라고 불리는 특정인 앞에서 그 삶을 마감했다. 박물관학, 인류학, 민속학, 고고학은 누가 연구 주체이고 누가 연구 객체이냐로 문명과 야만, 제국과 식민을 갈랐다.

4

이방의 군대가 들어오고 그다음 이방의 신이 늘어오고, 그리고 … 그다음 … 이방의 여인들이 들어왔다. 도시 일본 거주민들은 자국의 여인들이 들어올 수 있도록 부서진 성벽으로 습지를 메우고 다져 부동산 등기를 했다. 제국의 가난한 여인들은 습지로 스며들었다. 습지엔 집과 가게가 들어섰다. 사람들은 세를 내고 방이 여럿 딸린 가게를 차렸다. 습지엔 여인들만 살았고 여인들은 밤이 되어야 움직였다. 사내들은 돈을 내고 습지를 다녀갔다. 습지에 돈이 돌자 슈퍼가 생기고 야쿠르트 아줌마가 다니고 옷 가게, 화장품 가게, 미장원, 밥집이 생기고 산부인과가 생겼다. 임대사업이 활발해지고 지

머리를 빗는 여인_고요 하시구치(五葉橋口), 1920.
엽서 위에 색칠하고 머리카락 ⓒ이수영, 2017

방세가 풍요로웠다.

　이방의 신 중 최고의 신이자 창세신화의 주신이며 일본 천황의 조상이라 일컫는 태양의 신 아마테라스가 토성에 입성하자 그의 남동생, 바다와 폭풍의 신 스사노오는 습지에 임했다. 신들의 족보에 의하면 이야기는 이러하다. 스사노오는 누나인 아마테라스를 괴롭히고 깽판을 치다 천계에서 지상으로 쫓겨난다. 인간계로 추방된 스사노오는 어떤 마을을 지나게 되었다. 운이 좋았다. 하필 마을에 요괴가 나타나 인간을 해코지하며 아름다운 여인을 희롱하고 있었다. 스사노오는 여덟 개의 문을 만들고 여덟 개의 향기로운 술 단지로 유혹해 머리가 여덟에 꼬리가 여덟인 커다란 괴물 뱀을 무찌른다. 영웅이 된 망나니 신은 괴물의 제물이 될 뻔한 아름다운 여인과 혼인하여 여덟 겹의 구름으로 여덟 겹의 담을 쌓고 그 안에서 행복하게 살았다. 그리하여 악당을 물리치고 아름다운 여인을 얻는 남성적 판타지 신이 임한 습지를 사람들은 여덟 담장 야에가키쵸八重垣町라 불렀다.

　토성은 높고 습지는 낮다. 신의 궁전은 신성하고 습지는 비천하다. 신궁은 제국 일본의 정신을 드높였고 습지의 여인들은 남성 신민들의 육체를 위해 소비되었다. 토성에 이방의 신궁이 완공된 날은 1906년 11월 3일이었고, 습지가 정식 오픈한 날은 1909년 11월 3일이었다. 11월 3일은 메이지 천황의 생일인 천장절天長節이다. 식민지에 온 황국의 사내들은 습지에서 밤을 보내고 신의 궁전 앞에서 고개를 숙인 후 전쟁터로 떠났다. 죽어서 돌아온 사내들은 호국영

령이 되어 신의 집에 신위로 안치되었다. 군대, 신사, 유곽 삼종 세트*는 일본제국이 점령지에 설치한 점령 장치였다.

이방의 신 아마테라스의 제전 퍼레이드는 도시의 장관을 이루었다. 제국의 게이샤들과 식민지 기생들은 퍼레이드에 동원되었다. 가장 존귀한 여신과 가장 비천한 여기女妓의 희한한 만남이었다. 관중은 환호했다. 조선인 관중이 기뻤던 것은 여신 때문이 아니라 대놓고 구경하고 소비할 수 있는 어여쁜 여인들 때문이었다.

1909년 대한제국의 두 번째 황제 순종은 프러시아풍의 제복을 입고 토성 이방의 신 궁전을 방문하게 되었다. 물론 일제 통감부의 뜻이었다. 나라님이 기차를 타고 남쪽으로 내려온다는 소문은 기차보다 먼저 내려왔다. 임금이 남으로 내려오다니, 조선의 황제를 배에 태워 일본으로 끌고 가려는 것 아니겠냐는 소문이 황제 남순행 천 리 길에 파다했다. 피 끓는 읍성 학도들은 일찌감치 철도에 몸을 날렸다. 우리를 밟고 가라! 너희가 우리를 죽일 수는 있어도 조선의 임금과 조선을 욕보일 수는 없을 것이다! 막상 궁정열차를 타고 습지 건너편 기차역에 내린 황제는 지엠 리무진 어차御車를 타고 토성으로 향했다. 철도 침목을 베고 누워 있던 학도들은 일어나 집으로 갔다. 너무 오래 하늘을 보고 누워 있었던 탓인지 약간 어지러웠다.

---

*   하시야 히로시, 『일본제국주의, 식민지 도시를 건설하다』, 김제정 옮김, 모티브북, 2005, 87쪽. [橋谷弘, 帝國日本と植民地都市]

토성 이방의 신 궁전에서 순종은 이토 히로부미와 함께 가이즈카 향나무를 심어 신궁의 아름다움을 더했다. 신의 정원에 나무를 심은 해 10월, 이토 히로부미는 하얼빈역에서 암살되었다. 다음 해 대한제국은 사라졌고 황제는 실직했다. 가이즈카 향나무, 노무라 단풍나무 등 7만 주를 일본에서 옮겨왔고, 요시노 사쿠라 300주를 옮겨 심었다. 신의 궁전은 아름다웠다.

신의 궁전을 장식한 나무들이 어디에서 어떻게 왔는지, 누구누구가 기획해 가져왔는지, 돈은 누가 어떻게 마련했는지를 이 도시에 부임한 일본 이사관들은 명확하고 세밀하게 기록했다. 그러나 습지로 스며든 여인들은 일본 어디에서 왔는지, 어떻게 왔는지, 왜 왔는지, 와서 어떻게 살았는지, 그리고 이 땅에서 얼마나 힘들었는지는 희미하고 어두웠다. 그 여인들을 부린 자들은 글을 알았지만 기록하길 원하지 않았다. 여인들은 글을 몰랐고 알았다 해도 기록되길 원하지 않았다. 기록하기를 원하지 않은 것은 같았지만 왜 원하지 않았는지 이유는 다를 것이다.

일본 농촌, 어촌을 돌며 가난한 가부장들에게 딸을 사서 해외로 보낸 브로커들이 있었다. 이렇게 송출된 소녀들을 카라유키상唐行きさん이라고 불렀다. 소녀들을 모으는 인력, 자금, 소녀들의 출입국을 은밀하게 하여 배에 태우는 커넥션, 여러 나라 습지로 공급하는 카르텔은 안정적이고 섬세했다. 소녀가 고향집을 떠나 낯선 나라 습지에 넘겨질 때까지 드는 모든 비용은 소녀의 빚이 되었다. 소녀들은 그렇게 어른이 되어 다시 포주나 브로커가 되어 폭력의 주체로

이 시스템 안에 영원히 갇히기도 했다. 카라유키상이 떠난 나라도 도착한 나라도 정부가 직접 습지들을 등록 관리하여 세금을 걷었고 법과 보건시설을 구비해 성병을 관리하여 항상 청결하고 깨끗한 여성들로 남성 고객을 안심시켰다.

19세기 말부터 제국 일본은 조선, 중국, 대만, 싱가포르, 필리핀, 베트남, 버마, 인도차이나반도, 러시아, 남태평양 군도에 군대를 보냈고, 신을 보냈고 그리고 여인들을 보냈다. 카라유키상의 네트워크와 신의 네트워크 그리고 황군의 네트워크는 겹친다.

1945년 일본은 패전했다. 미군정은 1945년 12월까지 일본인 송환을 명령했다. 송환 과정에서 일본 군정청은 군인과 신관神官, 예기, 창기를 먼저 서둘러 송환시켰다.

> 이 과정에서 주목해야 할 것은, 군정청이 직업을 지정하여 서둘러 송환시켰던 대상이 군인과 신관 및 예기 창기였던 것이다. 이 사실은 송환의 실무 담당자에 의해 "일본 민족의 해외 진출의 특이한 전위前衛를 지적한 것 같다."고 회상되고 있다.
>
> - 森田芳夫『朝鮮終戰の記錄』嚴南堂書店, 1964년[*]

신의 송환은 급했다. 다행히 신은 배를 타지 않고도 이동할 수 있었다. 항복 선언이 있었던 15일 바로 다음 날 한양의 조선신궁이

---

* 하시야 히로시, 앞의 책 98쪽.

승신식昇神式을 하였고 18일까지 거의 모든 조선의 신사에서 신체를 불태워 신을 하늘로 올려 보냈다.

VI

110년

1909년에 만들어진 분홍 습지는

1910 1911 1912 1913 1914

1915 1916 1917 1918 1919

1920 1921 1922 1923 1924

1925 1926 1927 1928 1929

1930 1931 1932 1933

1934 1935 1936 1937

1938 1939 1940 1941

1942 1943 1944 1945

1946 1947 1948 1949

1950

1951 1952 1953

1954 1955 1956

1957 1958 1959

1960 1961

1962 1963

1964 1965 1966

1967 1968 1969

1970
1971
1972
1973
1974 1975 1976
1977 1978 1979
1980
1981 1982 1983
1984 1985 1986
1987 1988 1989

1990 1991

1992 1993

1994

1995

1996 1997

1998 1999

2000

2001

2002

2003 2004 2005 2006
2007 2008 2009 2010
2011 2012 2013
2014 2015
2016 2017
2018

세월호참사 3000일
잊지 않겠습니다

2019년까지, 단 한 해도 쉬지 않고 계속됐다. 조선이 식민에서 해방되고, 한반도에 미군과 소련군이 들어오고, 전쟁이 나고, 분단되고, 군사 쿠데타가 연이어 일어나 독재정권이 이어지고, 몸에 불을 붙이고 악을 써 민주화 운동을 하고, 직접선거로 대통령을 뽑고, 한강 다리가 부러지고 백화점이 내려앉아도, IMF 국가부도가 나고 뉴 밀레니엄이 시작되어도, 월드컵 잔치에 들썩이고 숭례문이 불타도, 연평도가 폭격 되고 세월호가 가라앉아도, 대를 이어 사람들은 분홍 습지를 **계속 찾았다.**

습지의 분홍 불빛은

1년
2년
3년
4년
5년
6년
7년
8년
9년
10년
11년
12년
13년
14년
15년
16년
17년
18년
19년
20년
21년
22년
23년
24년
25년
26년
27년
28년
29년
30년

31년
32년
33년
34년
35년
36년
37년
38년
39년
40년
41년
42년
43년
44년
45년
46년
47년
48년
49년
50년
51년
52년
53년
54년
55년
56년
57년
58년
59년
60년

61년
62년
63년
64년
65년
66년
67년
68년
69년
70년
71년
72년
73년
74년
75년
76년
77년
78년
79년
80년
81년
82년
83년
84년
85년
86년
87년
88년

89년
90년
91년
92년
93년
94년
95년
96년
97년
98년
99년
100년
101년
102년
103년
104년
105년
106년
107년
108년
109년

110년 동안 꺼지지 않았다.

습지에는 식민된 분홍 과일들이 계절 없이 열렸다.

딸기, 보미, 앵두, 지우, 자두, 예지, 살구, 수빈, 체리, 다래, 유진, 은별, 민수, 연두, 보라…

'청소년통행금지' 문신이 새겨진 콘크리트 골목 저만치 고인

분홍 불빛

감전될 듯 눈부신 분홍 유리방

분홍 살갗

분홍 치마 　　분홍 쇼트 팬츠

　　　　　　　　　분홍 립스틱

분홍 매니큐어

분홍 계단을 하나, 둘, 셋, 넷, 다섯
　　　　　분홍 복도

　　　분홍 슬리퍼　　　　　분홍 헬로우키티
분홍 타임방

　　　　　분홍 레이스 커튼　　　　분홍 침대

　　분홍 체액
　시큼 비릿한 분홍 냄새　　　　　　　분홍 땀

　　　　　　　분홍 타이머

　　　　　　　　　　　분홍 모욕과 경멸
　　　　분홍 돈

분홍 두통과 메스꺼움
　　　　　　　　　　분홍 약

　　　　　　뻐근하게 부풀어 쓰라린 분홍 살 살

- **유리방** 성매매업소 1층에 있는 쇼윈도. 통유리로 된 방에 성 판매 여성들이 전시된다. 화장하고 머리단장을 하면서 대기한다.
- **미쓰방** 여성들이 방바닥에 앉아서 전시되는 유리방.
- **홀박스** 여성들이 스탠드바 의자 같은 높은 의자에 앉아서 전시되는 유리방.
- **타임방** 성매매를 하는 방. 숏타임, 롱타임 등 시간에 따라 가격과 서비스가 달라 타임방으로 불린다. 유리방 안쪽과 위층에 복도를 따라 양옆으로 타임방들이 있다. 업주가 사용료를 받고 성 판매 여성들이 공동으로 사용한다.
- **본방** 유리방과 타임방 위층에 복도를 따라 양옆으로 본방들이 있다. 보통 2, 3평 정도로 성 판매 여성들이 생활하는 방이다. 긴 밤, 풀타임 등 숙박 성 구매자들에게는 본방을 내준다.
- **초이스** 성 구매자가 성 판매자를 유리방에서 선택하는 것.
- **싸이즈** 성 판매자의 얼굴, 몸매.
- **순번제** 초이스가 안 된 경우 순서대로 성 판매자를 성 구매자에게 배당하는 것.

2부

VII

연두 딸기 미지 자두 보미 수빈 민수 보라 지우 은별

연두 이야기

연두가 13살 때 연두의 엄마는 외할머니 앞에서 쥐약을 먹었다. 쥐약을 먹은 엄마는 살았고 쥐약을 먹지 않은 외할머니는 죽었다. 쥐약도 먹지 않은 아빠는 중학생인 연두를 (정확히) 9번 성폭행했다. 연두는 고등학교 졸업장은 따고 싶었다. 가족을 떠나 산업체 고등학교에 진학했다. 연두는 '가족 같은 회사' 문구를 써 붙인 공장에서 낮에는 일하고 저녁에는 공부했다. 4년 후에 고등학교 졸업장을 따고 1,000만 원을 모았다. 대견한 연두는 4년 만에 가족을 찾아갔다. 연두는 방 한가운데 앉았고, 아빠와 엄마는 고개를 떨구고 문간에 앉았다. 다음 날 엄마는 연두의 1,000만 원을 들고 집을 나가 돌아오지 않았다. 연두의 남자친구는 200만 원이 필요했다. 남자친구는 다방 사장에게 200만 원 빚을 먼저 땡기는 조건으로 취직하라며 연두를 다방에 데려갔다. 다방 사장은 연두에게 따로 연락을 해왔다. 네가 쓸 거면 200 해 줄게 여기서 일해라, 근데 남친 주려고 하는 거라면 하지 마라. 여자애들 데려온 거 이미 여러 번이다. 연두는 남친에게 돈을 주고 싶었다. 혹시 돈을 주면 연두 곁을 떠나지 않을지도 모른다. 글쎄. 다방 사장은 연두와 다른 종업원 언니를 서로 맞보증 서게 했다. 빚이 연두는 200만 원 그 언니는 1,000만 원. 어느 날 그 언니는 경찰서에 가서 만세*를 불렀다. 연두는 다방에서 3년 동안 차 배달과 성매매를 했지만 두 사람의 빚 1,200만 원과 이자를 갚을 수 없었다. 다시 빚을 얻었다. 여러 다방을 옮겨 다니며 빚은 계속 쌓였다. 연두는 화류계의 막장이라는 성매매집결지로 갔다. 여러 도시를 전전하다 우리의 분홍 습지에 정착했다. 9년 동안 일했

---

* **만세**: 성매매집결지에서 쓰는 은어. 경찰서에 가 성매매 피해자임을 밝히고 성매매법에 의해 보호를 받는 것. 성매매법(성매매 알선 등 행위의 처벌에 관한 법률) 6조는 "성매매 피해자의 성매매는 처벌하지 아니한다."라고 규정한다. 또한 민법 제103조에 의해 "선량한 풍속 기타 사회질서에 위반한 사항을 내용으로 하는 법률행위는 무효로 한다." 즉 성매매를 담보로 한 채무는 무효가 된다. 빚을 안 갚아도 된다. 그러나 성 판매자 여성을 행위자와 피해자로 나누는 현행법은 피해를 입증하지 못하는 성매매 여성을 능동적 위법 '행위자'로 처벌하므로 여성단체들은 법 개정을 요구하고 있다. 포주, 성 구매자들이 피해를 입증할 증거를 남기지 못하게 관리할 뿐더러, 성 판매자 또한 행위자로 처벌받을까 두려워 성매매에서 벗어나지 못하기 때문이다. 성매매는 사회적 젠더 불평등에서 발생하므로 성매매 알선자와 구매자만 처벌하고 성 판매자는 피해 증거와 상관없이 피해자로 보는 것이 타당하다는 주장이다. 성 구매자와 알선자만 처벌하는 '노르딕 모델'은 노르웨이, 덴마크, 스웨덴, 아이슬란드, 핀란드 등에서 적용하고 있다.

다. 습지에서 연두는 여러 번 자해했고 여러 번 약을 털어먹었다. 아는 습지 동생에게 우연히 '탈성매매 여성 지원'에 대해 들었다. 연두는 여러 번 고개를 갸웃거렸다. 2018년 습지에서 나와 여성 지원 단체를 찾아갔다. 습지 바깥의 '평범한 세계'에서 연두는 섬처럼 무능했고 자신의 몸에 스민 습지 냄새는 날마다 새롭게 연두를 벴다. 연두는 이 칼날처럼 조여 오는 냄새에 대해, 생각하기, 시작했다.

가족

신데렐라는 어려서 부모님을 잃고요 계모와 언니들에게 구박을 받았더래요 샤바샤바 하이샤바 얼마나 울었을까요 샤바샤바 하이샤바 왕자님은 언제 만날까 나 혼자 있으면 어쩐지 쓸쓸해지지만 그럴 땐 얘기를 나누자 거울 속의 나하고 웃어라 캔디야 들장미 캔디야 울면 바보다 캔디 캔디야 라라라라라라후레이후 저 위에 드러누워 알프스를 생각하며 엄마 아빠 그리울 땐 풀피리 불어 노래하고 꽃 마음 향기 속에 알프스는 아름다워 레이오레이 후 레이오레이후 외로운 소녀 예쁘지는 않지만 사랑스러워 상냥하고 귀여운 빨간 머리 앤 외롭고 슬프지만 굳세게 자라 가슴에 솟아나는 아름다운 꿈 하늘엔 뭉게구름 퍼져나가네 내 작은 두 눈에 이슬이 맺힐 때면 작은 꽃 활짝 웃으며 나의 가슴 지켜주네 아~아아 아~아아 울고 싶지만 울지 않을래 울지 않을래 힘차게 살아야해

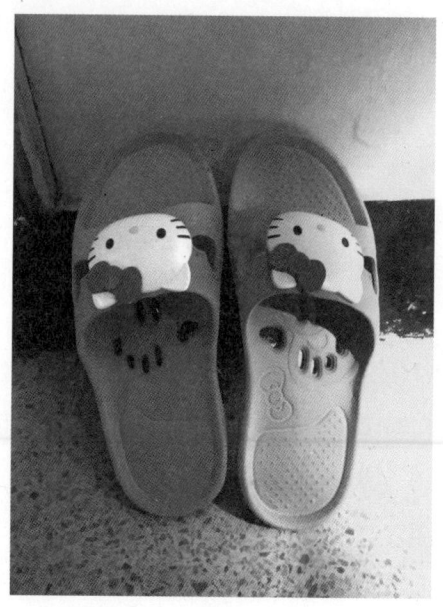

신데렐라, 들장미 소녀 캔디, 알프스 소녀 하이디, 빨간머리 앤, 소공녀, 제인 에어, 키다리 아저씨, 말괄량이 삐삐, 고아 소녀들은 학대와 폭력, 차별, 혐오, 가난, 외로움, 공포 속에서도 건강하고 성실하고 밝고 꿋꿋하며 정직하고 착하고 의협심까지 있고 주체적이고 남을 배려할 줄 알고… 헥헥… 능동적으로 꿈을 꿀 줄 알며 이해심 있고 낙천적이고 인내할 줄 알고 같은 실수는 반복하지 않으며 고난에서 배움을 찾고 창의적이며 아무리 힘들어도 다시 일어서는 불굴의 노력형… 인간… 헉헉… 이런 소년少年은 응원받고 사랑받는 다랄랄라. 연두는 그러지 못했다. 우리는 '평범한 정상 가족' 소년에게 이 정도 불굴의 정신 승리를 바라지 않는다. 그러나 '비'정상 가족 소년은 이 정도는 해줘야 '우리' 안에서 살 수 있다.

가족 밖으로 도망쳐 다방으로 갔던 연두는 습지에서 새로운 가족을 만났다. 여러 명의 오빠, 여러 명의 이모, 여러 명의 삼촌이 연두를 둘러쌌다. 연두는 다시 가족 안에 갇혔다. 가족 바깥은 세상의 바깥이라도 되는지 가족 같은 분위기에서 가족같이 지내자고 질척거린다. 연두는 다시 가족 속으로 굴러떨어졌다.

- **오빠**: 여성 성 판매자들이 남성 성 구매자들을 부르는 호칭.
- **이모**: 성매매집결지에서 일하는 여성들을 부르는 호칭. 편의점, 미장원, 옷 가게, 식당 등에서 일하는 여성들을 부르는 호칭.

  현관이모: 나까이라고도 부른다. 성 구매자를 호객하여 성매

매를 알선하고, 성 판매를 관리하는 여성. 밤 담당은 밤이모, 낮 담당은 낮이모라고 부른다.

주방이모: 성매매업소 주방에서 밥하는 여성.

청소이모: 성매매업소에서 청소하고 빨래하는 여성.

주인이모: 성매매업소 여자 사장.

- **삼촌**: 성매매집결지에서 일하는 남성들을 부르는 호칭. 집결지 내 진상 손님을 처리하고 돈을 받는 남자들, 성매매업소에 음료수 등 물품을 대는 남자들, 남자 사장 등.
- **매니저**: 소개쟁이라고도 부른다. 여성들을 성매매업소에 연결하고 관리한다. 주로 남성이라 삼촌 혹은 오빠라고도 불린다.
- **아가씨**: 여성 성 판매자를 부르는 호칭.

이모, 삼촌, 오빠, 이 호칭들의 중심에는 '아가씨'라 불리는 생략된 발화 주체, 젊은 여성이 있다. 이모도 오빠를 오빠라고 삼촌을 삼촌이라고, 다른 이모들을 이모라고 부른다. 삼촌도 이모를 이모라고 오빠를 오빠라고, 다른 삼촌들을 삼촌이라고 부른다. 오빠도 이모를 이모라고 삼촌을 삼촌이라고 부르고, 다른 오빠들을…, 오빠들은 오빠들을 손님이라고 부른다. '아가씨'의 시선으로 서로를 부르며 '아가씨'의 시선으로 서로에게 존재한다. 아가씨가 없다면 이들은 휘발된다. 한가운데에 아가씨를 놓고 에워싼 습지 전체가 가족이다. 이모, 삼촌, 오빠는 '아가씨'를 일-에너지로 전환한다. 아가씨-일-에너지는 자기 자신을 고정자본 삼아 자기 자신을 유동자본으로 일하고 자기 자신이 원료, 자원이자 상품이다. 아가씨-일-에너지는 재생산되지 못한다. 그저 소모된다. 오래 일할수록 자본은 축적되는 게 아니라 고갈되고, 오래 일할수록 노동은 숙련되는 게 아니라 피폐해진다. 가치는 떨어지고 결국 폐기된다.

어떤 아가씨가 이번 달에 300만 원을 벌었다 치자. 300만 원의 10퍼센트인 30만 원은 나까이이모가 가져간다. 나머지 270만 원의 50퍼센트는 업주가 가져간다. 그 업소에 아가씨가 7명이라면 나까이이모는 아가씨 7명 각각의 월수입에서 10퍼센트씩 가져간다. 업주도 아가씨 7명 각각의 월수입에서 반을 가져간다. 업주는 아가씨들에게 타임방 사용료와 본방 임대료를 가져간다. 매니저는 자기 소속 아가씨들의 개비* 450만 원씩을 가져간다. 진상 처리 삼촌들은 각 업소에서 돈을 받아간다. 습지 가게들은 아가씨들에게 홀복**, 구두, 화장품, 음료수, 콘돔, 물티슈, 머리 세팅, 술, 밥, 담배, 약 등을 판다. 미장원, 산부인과, 편의점, 식당, 옷 가게, 화장품 가게 등 습지 전체의 이모, 삼촌 들은 아가씨들에게 외상-채권이 있다.

한 11년 만에 연락을 했죠. 근데 우리 아빠는 정말 맨정신에는 전화를 안 하더라고. 술만 취했다 하면 전화 해가지고 지랄하는

---

* **개비**: 아가씨 사용료. 업주가 90일마다 450만 원씩 아가씨가 소속되어 있는 매니저에게 준다. 90일 주기를 '다스'라고 한다. 한 다스에 한 번 아가씨는 쉴 수 있다. 즉 아가씨는 석 달 동안 하루도 쉬지 않고 일한다.

** **홀복**: 유리방에서 성 판매 여성들이 입는 옷. 신체 노출이 많은 화려한 옷이다.

거야. 그러니까 우리 아빠는 기억을 못해. 근데 우리 아빠는 기억을 못해. 모르겠어. 우리 아빠가 거의 알콜중독자 수준이라서. 나이도 먹었으니까. 저 양반이 모른 척하는 건가. 아니면 진짜 기억을 못 하는 건가. 약간 의심 반도 있고. 아빠가 나 건드린 거. 그 상처는 어떻게 지워. 우리 아빠가 미안하다 해도 난 안 풀릴 거 같은데. 아마 지금까지 우리 아빠 옆에 붙어있었으면 난 이미 죽었을 거야. 그냥 아빠니까. 내가 한 번씩 스트레스를 받으면 유일하게 원망하고 화풀이할 수 있는 대상이 우리 아빠밖에 없는 거야. 난 또 전화해서 지랄하고. 근데 나는 솔직히 그것도 아빠가 받아줘야 한다고 생각해. 우리 아빠가 그렇게 만든 것도 있으니까. 우리 아빠가 나한테 죄지은 것도 있으니까. 우리 아빠가 나한테 잘못한 거 많으니까. 솔직히 내가 아빠를 죽이기를 했어? 집에 가서 얹혀살기를 했어? 아니면 얻어먹기를 했어? 지한테 용돈 1,000원짜리 한 장 받아 본 적이 없는데. 해준 거 하나도 없는데 내가 이렇게 욕하고 화내고 원망하는 거, 지가 들어 줘야지. 아빠한테 지라고 하면 안 되지만. 그 정도는 자기가 져줘야지. 그렇다고 내가 그렇게 원망해도 자기한테 기대가지고 돈을 달라고 했어? 뭐를 달라고 했어? 아무것도 안 했잖아. 진짜 벼락박에 똥칠하는 날만 기다리고 있어. 근데 막상 벼락박에 똥칠하고 있으면 짠할 것도 같고. 가만히 얘기 들어주지 않아. 자기 할 말 아주 끝까지 해. 우리 아빠 한 번, 두 번인가 같이 있었나? 연락하고 나서. 둘이 같이 있으면 정말 숨이 안 쉬어져 둘 다. 대화 안 해. 말했다 하면 싸우거든. 아직까진 그 상처가 나한테 너무 크니까.

그래도 아! 좋은 거 딱 하나 있네요. 아빠 엄마한테 벗어날 수 있었던 거. 그러니까 제가 진짜 중학교 때 벗어나면서부터는 그게 제일 좋았어요. 굳이 내가 보호자 없어도 밥 주겠다 숙소 주겠다 돈 벌겠다. 저는 다 밥 주고 방 주고 돈 버는 데만 있었잖아요. 공장, 소개소, 다방도 달방 얻어주죠, 떡집*도 숙식 제공 다 되죠. 내가 굳이 그 사람(부모) 밑에 안 있어도 되니까. 그냥 단도직입적으로 얘기를 해갖고, 뭐, 이 사장님(포주)하고 이 이모하고 살래 아니면 니 가족하고 살래 이러면 나는 이 사장님하고 이 이모하고 살아요.

연두의 이야기. 이 어김없이 충실한 '피해자 서사'의 진부함은 칼같이 나를 베었다. 진부함. 여전히 너무 많이 반복되는 이야기. 읍성 습지에 처음 붉은 등이 켜진 이후 아직도, 여전히, 이 서사는 반복되고 있었다. 그래서 이 섬뜩하게 생생한 진부함은 여전히 정치적이다.

---

* **떡집**: 성매매집결지를 일컫는 은어. 다방, 술집, 안마방 등과 달리 오로지 성매매만 하는 곳이라 붙여진 이름이다.

시간

1분 2분 3분 4분 5분

6분 7분 8분 9분 10분

11분 12분 13분 14분 15분

16분 17분 18분 19분

20분!

숏타임은 20분이에요.

이 시간동안 경멸받는 것이 우리의 상품이에요.

21분, 22분, 23분, 24분, 25분, 26분, 27분, 28분, 29분, 30분,
31분, 32분, 33분, 34분, 35분, 36분, 37분, 38분, 39분, 40분…

한 40분 틀리고 있었죠.

나는 진짜, 돈 100만 원 쓴 줄 알았어. 하는 짓거리로는 한 돈 100만 원 쓴 줄 알았다니까. 타임기에 20분 체크해 놓고, 타임기가 울리면 이모가 불러주기는 해요. 체크를 해주는 거죠. 근데 여자가 아무리 싸움을 잘한다 해도 남자를 어떻게 해볼 수는 없잖아. 이모가 아무리 부른다 해도 손님이 놔주지 않으면 우리가 나가고 싶어도 나갈 수가 없어. 그니까 기본이 30분, 40분이야. 사정射精이 안 되면, 그러면 술을 좀 덜 처먹고 오든가. 진짜 그니까 이건 있어 봤자야 타임기. 소용이 없다는 거야. 술을 먹고 왔는데 연애가 안 되는 거야. 내가 40분이 넘어도 안 나오니까 이모가 문을 열어서 시마이가 됐어. 시마이가 돼가지고 나가려고 하는데 갑자기 나를 때리는 거야. 지 사정 못했는데 시마이 되니까 열 받은 거야. 신고한다고 다시 돈 내 달래. 지가 사정 못했다고 돈 다시 달래. 나를 막 때리면서.

- **숏타임**: 20분 안에 한 번의 섹스(사정을 기준으로)를 할 수 있는 성 상품.
- **롱타임**: 40분 안에 한 번의 섹스를 할 수 있는 성 상품.
- **한시간**: 한 시간 안에 두 번 섹스를 할 수 있는 성 상품.
- **풀타임**: 하룻밤 내내 원하는 만큼 섹스를 할 수 있는 성 상품.
- **앞판**: 기본 서비스. 성 구매자의 가슴과 성기를 애무해 준다.
- **뒷판**: 40분짜리 스페셜 서비스에서 제공된다. 등, 엉덩이, 항문을 애무해준다.

- **스페셜:** 샤워를 시켜주고 앞판 뒤판 다 애무 서비스를 해준다.
- **숙박:** 성 구매자가 하룻밤 자고 간다. 숏타임 서비스를 자기 전에 한 번 아침에 일어나서 한 번 할 수 있다. 성 구매자와 성 판매자가 같이 자지는 않는다.
- **연애:** 성행위.

유리방에서 여성을 고르고 화대를 내고 타임방에 올라가 성매매를 하는 것은 하나의 의례이며 극劇이다. 여느 가게에 가서 상품을 고르고 값을 내고 상품을 소유하는 것과 같아 보인다. 숏타임, 롱타임 같은 단어들은 마치 상품의 종류처럼 들린다. 매매는 경제 활동의 의례이며 극劇이다. '돈을 주고받는다'는 의례는 성매매를 자발적이고 자연스러운 계약으로 보이게 한다. '돈을 냈다'는 말은 권리, 정당성, 약속, 진정성을 의미한다.

돈을 받았기 때문에 성 판매 여성도 성 구매자의 요구에 응하는 것은 당연하다고 생각한다. 성 구매자가 산 것은 여성의 자율적 복종이다. 돈을 냈으니 자발적 성행위처럼 연기하기를 요구한다. 그리고 자발적 성행위처럼 연기하기 때문에 성 구매자는 죄의식을 갖지 않는다. 하지만 자발적 성행위의 경우 '아프니까 거기를 누르지 마라, 그런 식으로 무례하게 말하지 마라, 싫다, 나는 그렇게 하고 싶지 않다' 등의 말을 할 수 있다. 그러나 성매매의 연기된 자발적 성행위에서는 그런 말은 허락되지 않는다. 참아야 한다. 어떤 생활이 오래 반복되면 우리는 그 생활의 바깥을 상상하기 힘들어진다. 폭력에 길들여지고 터널시야현상에 빠지게 된다.

물건

'뻑가방'* 안에 일단 '물티슈'가 들어가고요. 닦아야 하니까. '가글' 들어가고요. 그리고 이제 '콘돔', '러브젤' 들어가고요. 그 외에는 아가씨들이 따로 사용하는 거. 들어가요. 기본적으로 들어가는 거는 그렇게 4가지가 들어가고, 인제 준비해서 타임방 올라갈 때는 뻑수건이라고 해가지고 손님들 고추 성기 닦는 수건을 따로 비눗물에 이렇게 해서 들어가는 게 있어요. 깨끗하게. 물티슈로만 안 닦이는 경우가 있어. 좀 냄새나는 경우, 냄새가 난다 싶으면 그 수건에 '가글'을 이렇게 좀 적셔요. '가글' 좀 많이 적셔가지고 닦으면 냄새가 좀, '가글' 냄새가 좀 쎄잖아요. 냄새가 안 나거든요. 저희 같은 경우는 좋아서 하는 게 아니고 저희가 일방적으로 서비스를 하고 일방적으로 이렇게 집어넣는 거라서 저희 밑에. 밑에 뻑뻑하잖아요. 밑에 물이 나오는 게 아니어서 물이 나오는 상태가 아니니까 '젤'을 미리 바르죠. 우리는 발라야지만 들어가니까. 그냥 할 수는 없으니까. 안 그러면 다 째지고 아프죠. 진짜 막 사랑하고 좋아서

---

* 뻑가방: 성매매에 필요한 물건을 담아 타임방에 들고 들어가는 가방. 콘돔, 가글, 물티슈, 젤 등이 들어 있다. '떡가방'이라고도 부른다.

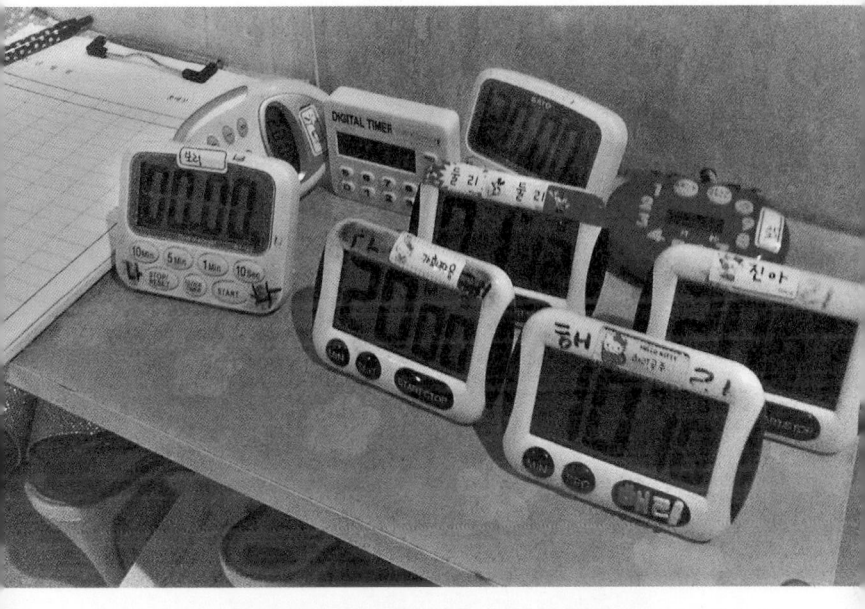

성 판매 여성들이 사용하는 타이머_대구여성인권센터. 타이머에 여성들의 이름이 쓰여 있다. 타이머 옆에 매상 장부가 있다. 이 장부는 월말 결산이 끝나면 파기한다. 성매매 증거로 사용될 여지가 있기 때문이다. 매상을 위해 존재하는 '아가씨들'에게 타이머와 장부는 가장 역겹고 상징적인 물건이다.

ⓒ이수영, 2022

물이 나와서 하는 게 아니라서 '젤'은 항상 있어야 해요.

火_연두는 화가 난다

火-빚

그때는 나이가 어리니까 모르고 맞보증을 선 거예요. 맞보증을 섰는데 진짜 지금 그 애 나이, 이름, 얼굴까지 다 기억나거든요. 걔가 경찰서에서 만세를 부른 거야. 맞보증을 섰는데. 그래가지고 이제 나한테 바리바리 전화가 오기 시작한 거야. 왜냐면 증인이 한 명은 있어야 된다고 만세를 불렀을 때는. 그때 어린 나이에 뭔 생각을 했냐면. 지가 돈이 필요해서 그 업주한테 갖다 쓴 돈이잖아. 근데 왜 그걸 경찰서 가서 신고를 해. 지가 갚을 생각을 해야지. 나는 그래서 걔 편을 안 들었거든요. 업주 편을 들었거든요. 업주 편 들고 3년 동안 1,200을 다 갚았어요. 걔 꺼까지. 맞보증을 섰으니까. 내가 마지막에 경찰서에서 나오면서 내가 걔한테 한 말이 그거였어요. 너 살면서 내 눈에 띄지 말라고. 죽여 버린다. 어디서 만나든지 내 눈에 띄지 말라 했어요. 독박을 썼으니까 걔 때문에. 진짜 눈에 띄지 말라 했어. 걔는 진짜 지금 만나도 여기서 죽여 버릴 거거든.

돈을 빌렸으면 갚아야 한다. 돈을 빌려 쓰고 갚지 않으면 나쁜 사람이다. 빌려준 돈도 못 받으면 쪼다다. 돈을 갚을 때는 이자를 내야 한다. 이것은 이치다. 그 애는 돈을 갚지 않았고 나는 돈을 갚았다. 그 애는 나쁜 년이고 나는 약속을 지키는 사람이다. '돈을 꾸고 이자를 쳐 돈을 갚고'는 연두의 일이다. '돈을 꿔주고 이자를 얹어 돈을 받고'는 업주의 일이다. 각자의 일을 열심히 한다.

민법 103조 "선량한 풍속 기타 사회질서에 위반한 사항을 내용으로 하는 법률행위는 무효로 한다." 도박 빚은 갚지 않아도 된다. 성매매를 목적으로 한 채권은 무효이다.

19년이 지나고 연두는 알게 되었다. 습지를 떠나서야 보였다. 안 갚아도 되는 돈을 쪼다같이 다 갚고 있었다는 것을. 하긴 그때 알았다 해도 가출한 어린 여자아이가 갈 곳은 없었을 것이다. 힘센 업주와 세상에 화가 나고 지지리 쪼다 같은 자신에게 화가 난다. 빚을 지고 빚을 갚아온 그 폭력적인 상식의 시간들은 사기다. 한꺼번에 덮쳐오는 공허 위에서 무너지지 않으려면 약속을 어기고 빚을 갚지 않은 그 애가 죽일 만큼 나쁜 년이어야 한다.

火火_배제

내가 그 동네(성매매집결지)를 나온 뒤에 한번 놀러 갔었거든요. 친한 언니가 있어서. 동네 안 돌아다니고 그 언니 방에만 이렇게 있었는데. 그때 거기 동네 회장이 있잖아요. 그 회장 삼촌이 내가 들어오는 걸 봤나 봐. 그래가지고 가게 사장님들한테 "연두 동네 못 들어오게 해라" 그런 거야. 제가 여성단체 들어가 있는 걸 그 동네에선 다 아니까. 나는 그 말에 정말 꼽혔던 게, 내가 그 동네에 들어가서 아가씨들마다 붙잡고 여성단체에 들어오세요, 들어오세요 했으면 내가 이해를 해. 나는 정말 그 언니 방만 갔어. 너무 짱이 나는 거야. 그다음 날 정말 다시 그 동네 들어갈 뻔했어. 아가씨들 다 꼬실라고 열 받아서. 여성단체로 아가씨들 다 꼬실려고. 지가 뭔데 동네 들어와라 마라야. 내가 내 발로 가겠다는데. 그리고 씨발 내가 동네를 휘젓기를 했어 돌아다니기를 했어. 돌아댕기지도 않았는데. 그 말 듣고 어이없어가지고 아, 씨발. 그러면 씨발 들어가 다 휘저어 버릴까. 언니가 "참아라, 참아라, 이제 오지 마라." 그래서 참았지. 근데 진짜 거기 가서 여성단체 '여'자도 안 꺼냈거든. '여'자도 안 꺼냈는데 그런 말 들으면 기분 나쁘잖아. 내가 뭐 꼬신 사람 마냥 그렇게 되잖아. 그러면 (여성단체 연락처) 명함 가지고 드가서 홍보 한번 해봐? 정말 열 받아서. (탈성매매 홍보 문구와 연락처가 쓰여 있는) 라이터하고 물티슈 들고 들어갈 뻔했어. 열 받아서 씨발.

다방을 나와 여러 습지를 전전하던 연두는 9년을 그 동네에서 일했다. 생리 때도 솜 끼고 석 달에 한 번 쉬면서 매일 일했다. 그 동네 업주들도 이모들도 다 안다. 지나가는 똥개 고양이도 다 안다. 어느 가게에 어떤 진상이 왔다 갔는지, 어느 가게 누가 탕치기*하고 튀

---

*　**탕치기**: 성매매 알선업자와 '아가씨'가 짜고 업주에게 선금만 받고 도망가는 것.

었는지, 가게마다 단골이 누군지 다 안다. 약 먹고 뒈지려고 올라간 옥상 난간 모양도, 난간을 잡았을 때 그 차가웠던 느낌도, 바닥 타일 홈을 따라 깨져 있던 시멘트 무늬도 다 기억한다. 한겨울 비키니 입고 유리방에 앉아 있을 때 들어오던 칼바람, 유리 틈이 어디에 있는지도 다 안다. 옆집 업주가 무당 불러 굿하고 아가씨들 백화점 데려가 명품 핸드백 사게 했던 것도 다 안다. 단속 뜨면 타고 올라갈 벽 뒤 계단도 안다. 누구보다도 그 동네를 잘 안다. 어쨌든 9년을 살아냈다.

연두는 이제 배신자다. 연두는 이 마을에 들어올 수 없다. 9년을 먹고 자고 일했던 곳에서 지워진다. 이제 연두는 혼자다. 습지에선 배신자라고 배제되고 비습지에서는 습지 출신이라고 배제된다. 무섭다.

火火火_돈

댓글들을 보면, 내 눈에 가장 띄었던 게 걔네들은 우리를 '걸어 다니는 대기업'이라고 하는 사람이 있단 말예요. '걸어 다니는 대기업'이다. 나는 그거에 대한 반발심이 뭐냐면, 솔직히 '걸어 다니는 대기업'이라고 생각할 거면 그럼 들어와서 일을 해 보든가. 진짜 막 명품밖에 모르는 애들. 그러거든요. 근데 저 거기 있으면서 명품 산 적이 없거든요. 모르겠어요. 내가 돈 있는데 명품을 안 산 건지. 근데 정말 명품으로 치장하고 다닌다, 이러는데 명품? 아니, 그냥 메이커 치장하기도 힘들어. 힘들거든요. 다 빚으로 올라가는 건데.

사람들이 거기 있는 아가씨들은 돈 쉽게 벌고 펑펑 쓴다, 그렇게 말하면서. 자기들이 대기업이라고 생각하면 왜 안 들어와? 면접 보러 왜 안 와? 자기들이 일해 보면 알 거 아냐. 왜 자기들이 입으로 하잖아 쟤네들 걸어 다니는 대기업이라고 하잖아. 근데 왜 안 들어오냐고! 대기업인데. 자기들 꿈이 대기업 들어가는 거 아냐? 근데 왜 안 들어오는데! 솔직히 일반 대기업보다 많이 벌기는 하지. 여자 치고. 맞잖아요. 막 400, 500, 600, 700 벌 때도 있는데 많이 벌기는 버는 거지. 그중에 저는 씀씀이가 헤픈 편이었고. 그래서 돈을 못 모은 것도 있고. 그렇게 말을 하면서 왜 안 들어오냐 이거지. 그리고 쟤네들은 그냥 좋아서 하는 거다. 좋아서 하는 거 아니거든. 좋아서 하는 거 아니거든! 대기업이다 이런 말 댓글 친 사람들 진짜 손가락 다 짤라버릴라!

존나 비싼 옷에 막 비싼 가방 들고 와가꼬 니 이게 얼만지 아냐? 이런 새끼들 있잖아요. 야, 속으로 우리도 살 수 있거든. 자랑하는 새끼들. 초창기만 해도 제가 처음에 들어갔을 때 11년도만 해도 숏타임이 인당 5만 원, 6만 원 할 때부터 있었거든요. 진짜 그때가 장사는 진짜 잘됐어요. 하루에 100장 정도는 그냥 시었었어요. 하루에 100에서 120 그냥 벌었거든요. 한 번에 5만 원인데 그게 100만 원이 될려면 20명.

한날 손님한테 처음 맞아가지고 이모가 애 당황했을 거라고 청심환 하나 사다 주라고 그때가 5시쯤 됐나 새벽 5시쯤 됐는데 이모가 니 오늘은 이 시간에 그냥 퇴근하란다 그래가지고. 진짜 아프거나 그런 거 아니면 중간에 퇴근시켜 주는 거 없거든요. 근데 그때 마침 내가 한두 개만 더 벌면 100만 원을 찍을 수 있는 상태였어. 그게 너무 아까워서 가라앉히고 내려가서 손님 3개 더 받고 올라왔어. 100만 원을 올리고 올라왔어. 진짜 손님 두세 명만 더 받으면 100만 원이 넘어가니까. 100만 원이 넘어가는 것과 안 넘어가는 것의 차이는 크니까. 내려가서 대충 화장하고 머리 풀고 앉아 있다가 손님 3명 더 받고 100만 원 올리고 올라왔어.

화장이나 홀복 같은 경우에는 사실은 내가 골라 입는다지만 이모가 갈아입으라면 갈아입어야 하고. 그러려면 여러 개를 가지고 있어야 하고. 겁나 많죠. 저는 사계절 내내 비키니만 입고 있었어요. (수영복 비키니처럼 노출이 심한) 투피스라고 하죠. 니는 그게 어울리니까 투피스만! 원피스 입지 말라고. 겨울 추워 디지겠는데. 원피스를 거의 입어 본 기억이 없어요. 투피스만 입으라고 해서. 살이 안 찌는 것도 있었고. 그리고 나이에 비해서 얼굴이 화장해 놓으면 어려 보이니까. 이모가 옷이나 화장품도 진두지휘하고, 너는 여기 앉아라, 자리 배치도 하고. 잘나가는 아가씨는 잘 보이는데 앉히고. 그래서 저는 맨날 유리창 가에 있었어요. 추워 죽겠는데. 비키니 투피스 입혀 놓고. 그니까 유리문 가까이 손님이 제일 잘 보이는 자리. 그리고 요기 문 쪽에 좀 잘나가는 아가씨 앉아 있었고. 그리고 나머지 아가씨들은 가운데로 몰리고. 이렇게 기역자로 유리창이 뚫려 있으니까. 이쪽 유리창 쪽에 유리로 막아놨어도 바람이 들어오거든요. 추워요. 담요 걸치고 있으면 야! 담요 치워! 가디건도 못 입게 했다니까요. 가디건 입고 있으면 야! 가디건 벗어! 싫다는 말은 당연히 못하죠. 혼나죠.

매상이 문제죠. 다른 아가씨들과 매상 비교당하는 게 싫고. 꼬순이라고 저랑 동갑내기 친구가 하나 있었는데 걔도 그 가게 오래 있었고. 초이스발이 잘 되는 편이었어요. 저희 가게는 항상 아가씨가 많으면 7명에서 9명이었기 때문에 초이스 잘 되는 아가씨들은 되고, 손님이 없는 날에는 안 되는 아가씨들은 진짜 하나 보고 올라가고 아니면 개시도 못 하고 올라가고 이런 경우가 있었어요. 나는 돈을 벌러 왔잖아요. 그래서 나는 화장을 하고 당당하게 앉아 있어야 되잖아요. 초이스가 되야 되잖아요. 근데 한날 어떤 새로 온 언니가 있었는데 그 언니가 술이 취해가지고 저를 방으로 부르는 거예요. 그래 들어갔어요. "꼬순이 같은 경우는 어? 자기가 어느 정도 매상을 벌었다 싶으면 고개도 좀 숙여줄 줄 알고 이러는데 니는 돈 욕심이 얼마나 많아서 그렇게 고개를 빳빳이 들고 있냐?" 이러는 거예요. 저한테. 기가 막혀가지고! 한참 그 얘기를 듣고 있었어요. 뭐라 씨불이는지 듣고 있었어요. 계속 듣고 있다가 기가 차가지고 내려갔어요. 내려 가가지고 사장님한테 있는 그대로 다 말했어요. 나 일 못하겠다고. 그랬더니 이모가 옆에서 그런 거 신경 쓰지 말라고. 저 미친년 아니냐 하면서. 그러고 나서 그다음 날인가 이제 그 언니 딴에는 지가 술 먹고 실수한 걸 알잖아요. 저한테 계속 사과를 하는 거예요. 목욕탕에서 씻고 있는데 와서 사과하고, 방에서 화장하고 있는데 사과하고, 손님 받고 나왔는데 와서 사과하고. 언니, 저한테 말 걸지 마시라고. 나는 돈을 벌러 왔지 다른 사람 대신 돈 벌라고 고개 숙여주러 온 사람 아니라고. 나 내 돈 벌러 왔지. 그렇게 돈 벌고 싶으면 언니가 돈 벌 수 있는 가게로 가라고. 고개 당당히 들고 초이스 잘 되는 가게로 가라고. 아니면 성형을 하든가. 대놓고 그랬어요. 매상 차이가 있었죠. 많이 차이가 있었죠. 나이대도 차이가 좀 있었고. 그때는 제가 20대였고 그 언니가 30대였으니까. 아가씨들끼리 문제는 매상 문제가 제일 많죠. 거의 매상 문제죠.

연두는 젊고 예쁘고 돈도 많이 벌고 그래서 업주의 예쁨도 받고 동료 아가씨들의 질투도 받았던, 잘나가던 시절을 회상한다. 학교에서는 공부를 잘하면 선생도 아이들도 함부로 못 한다. 뒷골목에서는 싸움을 잘해야 멋지다. 유리방에서는 초이스 빨이 좋아야 한다. 성 구매자에게 성 상품으로 인기가 좋은 아가씨는 업주가 예뻐한다. 유리방 가장 잘 보이는 곳에 앉히고 돈도 빌려달라는 대로 빌려준다. 말을 할 때도 상냥하다. 현관이모도 함부로 못한다. 아가씨들은 예뻐지기 위해 다이어트 약을 먹고 빚을 내서 자신을 꾸민다. 업주와 성 구매자를 혐오하고 두려워하지만 동시에 잘 보이고 싶다. 관계 안에서 인정받고 존재감을 확인받고 싶다. 그래야 살아진다.

우리는 장소에 매여 있다. 장소는 공간적이라기보다 나의 존재를 인정해주는 옆 사람들의 시선들이 교차하는 곳이다. 우린 그들의 시선에서 밀려나고 실패할까봐 두렵다. 공부가, 싸움이, 초이스 자체가 목적이 아니다. 인정받기 위해서다. 인정 투쟁에서 실패할 때, 그 시선들의 바깥으로 밀려날 때 우리는 스스로 자신의 생을 끝내기도 한다. 습지가 지옥이더라도 살아야 한다.

火火火火_구매자

접대도 많고요. 접대 손님들이 한 60프로? 연말엔 바빠 죽죠. 연말엔 이제 망년회 한다고 12월달 모임이 많으니까. 그런 거 있잖아요. 뭐 회사에서 대단한 손님이 왔는지 어쩌는지는 모르겠는데, 돈을 대신 내주고 손님 접대하고 아가씨 넣어 주고 이런 식으로 해가지고. 아니면 그런 접대도 있죠. 보험금. 저희 가게 자주 오는 손님이었는데 그 손님 가게에 한 번 불이 난 거예요. 이제 화재보험을 받아야 하잖아요. 그래가지고 그 보험사 직원한테 이제 돈을 좀 제대로 받으려고. 보험금을 잘 받기 위해 접대를 많이 하려고. 접대를 하도 많이 해서, 그 손님이 접대를 하다 보니까, 원래는 접대하는 사람이 술 더 많이 먹게 되잖아요. 나중에는 피를 토하더라고. 주야장천 1주일 넘게 오시더라고 접대를. 나중에 우리 단골손님 피 토하시더라고. 깜짝 놀랐어. 그게 말 그대로 성 접대죠. 그래서 인제 예를 들어서 우리 단골손님들이 접대하러 손님을 데려오잖아요, 그러면 우리들한테 부탁해요. 좀 더 잘해줘라 이런 식으로. 그러면 단골손님 위해서 조금 더 시간 주고 서비스 좀 더 해주고. 얘기도 좀 나눠주고.

성 판매 여성을 이르는 단어는 많다. 유녀, 창부, 갈보, 작부, 색주가, 창녀, 접대부, 성매매 여성, 매춘부, 호스티스, 콜걸 등. 그러나 성 구매자를 이르는 단어는 없다. 성 판매 여성들은 한정되어 있지만 성 구매자 남성은 한정할 수 없다. 술자리 2차이거나 접대이거나 송년회이거나 제대 기념이거나 동료 남성들의 패거리 문화 중 하나일 뿐으로 여겨진다. 그래서 따로 이름이 없다.

火火火火火_성매매 피해자 지원에 대한 여론

2019년 습지 철거를 결정한 습지 시市는 2016년 '성매매 피해자 등의 자활지원조례'를 만들었다. 상위법인 '성매매 알선 등 행위의 처벌에 관한 법률'에 의해 국가 및 지방자치단체는 '성매매 방지 및 피해자 보호 등에 관한' 책무를 가진다. 상담을 통해 지원 대상 피해자로 확인되면, 방 얻을 돈을 최대 700만 원 내외로 10개월까지, 입고 자고 먹고 생존할 수 있는 돈을 월 100만 원씩 최대 10개월까지, 직업훈련에 드는 돈은 최대 300만 원 이내로 10개월까지 지원한다. 한 명이 3가지 돈을 최대치로 받았을 때 2,000만 원을 받을 수 있다.

습지 시市의 아무개 지역 의원은, 음… 고개를 저었다. 의회를 비롯해 여기저기 의정 활동 공간에서 다음과 같이 소신을 밝혔다.

"(성 판매 여성들은) 옛날처럼 붙들려가서 하는 것도 아니다. 대부분 카드 값 못 막아서 선금 당겨서 들어갔다." "자발적으로 들어갔는데, (그 여성들을 돕는 것은)혈세 낭비다."

'성매매 알선 등 행위의 처벌에 관한 법률'은 '선불금 제공 등의 방법으로 대상자의 동의를 받은 경우라도 그 의사에 반하여 이탈을 제지한 경우, 지배·관리 하에 둔 것으로 본다.' 즉 돈이 필요해 자진해서 성매매업소에 들어갔다해도 탈성매매를 원한다면 국가는 그들을 보호하고 지원한다.

"그분들(성 판매 여성들) 세금 냅니까? 안 냅니까? 안 냅니다. 몸만 그냥 갖고 장사하는 겁니다."

한국에서 성매매는 불법이라 세금을 안 낸다. 혹시 아무개 의원은 성매매의 합법화를 주장하고 있는지도 모른다. 영국, 네덜란드, 독일, 오스트리아, 스위스, 헝가리, 뉴질랜드, 멕시코, 미국 네바다 주 등은 성매매를 합법화했다. 성매매와 마약, 인신매매 등의 강력범죄와의 연계 가능성을 차단하고 성 판매 여성들을 보호하기 위해서이다.

"그분들이 제대로 사회생활을 할 수 있는지 참 의문점이 많다. 세 살 버릇 여든 간다. 2,000만 원 받고 또다시 성매매 안 한다는 확신도 없다." "시급 7,530원 벌기 위해 땀 흘려 일하는 여성 노동자도 있다. 그분들에 비하면 돈 쉽게 번다."

위 맥락에서 '세 살 버릇 여든 간다'는 말은, 개 버릇 남 못 준다,

참새 방앗간 못 지나간다, 화장실 갈 때 마음 다르고 나올 때 마음 다르다, 안에서 새는 바가지 밖에서도 샌다, 그 밥에 그 나물이다, 송충이는 솔잎을 먹어야 산다, 콩 심은 데 콩 나고 팥 심은 데 팥 난다, (콩 얘기가 나온 김에) 콩으로 메주를 쑨 대도 안 믿는다, 내 손에 장을 지진다, 내 손모가지하고 전 재산 다 건다 등으로 대체할 수 있다. 그러나 사실 이 조상들의 얼이 담긴 속담 문화유산들은 반성 없이 반복해서 범행하는 성 구매자와 알선자에게 쓰는 것이 타당할 것이다.

도움을 청하는 성 판매 피해자에게는, 하늘이 무너져도 솟아날 구멍이 있다, 소도 비빌 언덕이 있어야 비빈다, 열에 한술 밥이 푼푼하다, 천 리 길도 한 걸음부터, 인정도 품앗이라, 백지장도 맞들면 낫다, 여우가 도와도 도와야 산다, 개미 떼가 절구통 물어간다, 사람은 혼자서는 못 산다, 구더기 무서워 장 못 담글까, 상부상조, 십시일반 등의 말이 필요하다. 도움을 청하는 사람을 도울 때는 도움의 결과나 성과를 따질 필요가 없다. 성매매 피해자를 돕는 일은 갱생을 강요하는 것이 아니다. 삶의 어떤 순간 누구나 도움이 절실할 때가 있다. 더군다나 약자가 사회적 함정에 빠졌을 때 도와야 한다.

그리고 성 판매 여성들은 돈을 쉽게 벌지 않는다. 성매매는 지옥 같은 일이다. 신체적 폭력, 욕설, 멸시, 혐오, 불안, 자괴감이 그들의 노동이다.

아무개 의원이 속한 정당은 아무개 의원을 제명했다. 제명에 항의하며 아무개 의원의 발언에 동조하는 댓글이 쏟아졌다. '창녀한테 지원금이 웬 말이냐.' 여성단체들은 아무개 의원에게 항의하며 '성평등 걸림돌 상'을 수여했다. 아무개 의원의 이름이 아무개인 이유는 성매매 피해자들을 혐오하고 배제하려는 전 세계 모든 아무개들의 대명사이기 때문이다.

> (가장 절실한 것은) 주거! 언니들 막상 나오면 돈 많이 벌었네 해도 진짜 집 얻을 돈 하나 없어요. 없어요. 없어! 그 (성매매 피해자 지원금) 400만 원으로 집 얻는다 쳐요. 400만 원 받아 집 얻고 나면 집에 짐만 있을 순 없잖아. 나는 그 2,000 다 받고도 못하는데. 주거 그리고 일자리.
>
> 나는 그 2,000만 원 2자도 못 꺼내. 여기(자활지원센터) 다니면서 받은 아가씨 나밖에 없을 걸요? 너는 받았는데 왜 우리는 못 받냐, 이런 식으로 받아들일까 봐. 그러니까 내가 쉽게 얘기를 못 꺼내는 거야. 걔네들(성매매 피해자들), 자기네들 딴에는 좀 억울하게 들릴 수도 있잖아요. (피해자 지원금 수혜 조건에) 해당이 안 된다는 이유로 못 받았으니까.
>
> 열심히 일하고 많이 벌 때는 하루 100만 원 벌기도 하고 그런데 왜 막상 나오면 돈이 없을까요. 벌어도 진짜 번 것 같지가 않았어요. 갖고 있어도 여기 갚고 저기 갚기 바빴고. 진짜 뭐 좀 줄라면 뭐가 생기고, 돈이 생길려다가도 사라져요. 순삭. 이 언니들이 나와가지고 만약에 주거가 생겼어. 근데 예를 들어서 이 언니들이 그 업주한테 돈을 다 못 갚고 나왔어. 그러면 야가 불안하잖아. 그

사람들이 집으로 찾아오면 어떡하지? 그러니까 안정적인 주거. 그런 의미에서도 안전한 주거. 아싸리 법으로 그런 걸 막아 주든가. 못 찾아오게. 찾아와서 해코지를 못 하게. 왜 일수쟁이들이 일수 안 들어오면 막 찾아가는 것처럼 그렇게 못하게. 방을 하나 100에 얼마짜리 얻잖아요. 그쪽으로 주소를 해 놓으면 업주들이 찾아올 수 있으니까 해 놓을 수도 없어요. 주거가 있다 해도 주소지를 해 둘 데가 없어요, 안심하고.

저 개새끼(아무개 구의원)는 여기(탈성매매 자활센터)를 왜 없애려고 하냐고 도와주지는 못할망정. 해까닥한 거야 저 새끼는. 아직 밑바닥을 본 적이 없는 새끼라서 저렇게 하는 거라니까. 도와줘 봐야 다시 (성매매업소에)간다 이런 생각을 갖고 있으니까. 안 간다고! 힘들어도 안 간다고! 내가 한 번씩 (돈 때문에) 힘들어서 흔들릴 때 과연 내가 지금 (성매매집결지에) 간다고 해서 내가 진짜 그 일을 다시 할 수 있을까? 이 생각부터 제일 먼저 하는데. 왜 그런 생각은 안 하고 여가부랑 여기 다 없앨려고 하냐고. 여기 없애면 나머지 아가씨들은 어떻게 하냐고! 아직 못 나오고 있는 아가씨들도 있는데. 무서워서 사채업자 쫓아올까 봐. 그런 걸 도와줄 생각을 안 하고 뭐? 씨, 뭔 말도 안 되는 소리로 걔네들 돈, 어? 돈 줘봤자 돈 다 받고 나면 다시 들어간다? 개소리를 하고 있어. 아무도 안 들어간다고 힘들어도 버티고 있잖아. 솔직히 여기 받는 월급으로 생활하기 힘들어요. 힘들어. 진짜 내가 어디 전문직 아닌 이상 힘들다고. 근데 여기 없애면 난 당장 어떡해. 진짜로 지

말대로 세 살 버릇 여든 간다고 (자활센터 말고) 생각할 수 있는 방법은 그 방법(성매매) 하나밖에 없는 거야. 그렇게 지가 만들고 있잖아. 우리가 자발적으로 들어가는 게 아니고 지가 자발적으로 들어가게끔 하고 있잖아! 지가 자발적으로 들어가게 하고 있잖아! 우리가 자발적으로 들어가는 게 아니고. 지 말대로 지가 우겨가지고. 여기 없애면 자발적으로 들어가는 아가씨 정말 많을 걸? 정말 진짜 배운 게 그거 도둑질이라고 진짜 들어가는, 몰래 들어가서 일하는 아가씨들 되게 많을 걸? 힘들어서 생각하는 언니들도 있을 건데. 생각하다가 진짜 실현되면 어떡할 건데? 말도 안 되는 소리를 쳐 씨부리니까. 그 새끼 얼굴만 보면 진짜 토 나올 거 같애. 말도 안 되는 소리를 하고 있어. 대가리에 든 것도 없는. 씨발 누가 뽑은 거야? 절대 자발적으로 들어가는 거 없어! 저런 새끼들이 자발적으로 들어가게 밀어넣는 거지. 전국에 여성단체 다 없애봐라 그 여성들 다 어떡할 건데. 겨우겨우 나와서 겨우겨우 숨 쉬고 살아가고 있는데 하루하루 힘들게 살아가고 있는데. 돈 이만큼씩 벌다가 돈 이거 받고 힘들게 살고 있는데. 쓰고 싶은 거 이만큼 쓰다가 요만큼씩, 진짜 사고 싶어도 요만큼씩 사고 살고 있는데. 지는 모르잖아 이거를.

제가 거기 나오면서 제일 먼저 한 게 뭐냐면 홀복하고 화장품 다 버렸어요. 새거. 왜 버렸냐면 어차피 한 달 100만 원 갖고 집세 내고 쪼들릴 거 아는데…, 그거 가지고 있으면 그거 가지고 다시 일하러 갈까 봐. 돈 때문에 힘들 때 돈에 허덕이면서 힘들 때 한 번씩 그런 생각하죠. 근데 이젠 돈보다…, 그냥 평범하게 사는 거.

연두가 탈성매매 생활을 시작한 1년의 시간은 아슬아슬하다. 주홍글씨를 지닌 채 삶을 바꾸는 일은 혼란스럽다. 용기와 확신이 필요하다. 변화의 시간을 살아내는 일은 두렵고 위태롭다. 그리고 화가 난다. 희망, '그냥 평범하게 사는 거'. 평범한 세계의 사람들이 연두를 받아주지 않고 배제하려고 할 때 연두는 화가 난다. 그리고 거절당할까봐 두렵다. 화는 두려움 때문에 일기도 한다.

다음은 〈성매매 피해자 지원 조례〉를 반대한 아무개들을 규탄하는 기자회견에서 나온 발언이다. 2019년 3월 11일 〈성매매집결지 폐쇄 정책을 왜곡하고 성매매 여성에 대한 비하·편견·혐오를 선동·조장한 습지 시구의원 제명 촉구 기자회견〉에서 발언한 요셉별은 성매매 경험 당사자이다.

당사자의 목소리를 여기 기록한다. 우리가 당신의 목소리를 듣고 있다. 앞으로도 당신의 생각과 의견을 당당하게 계속 말하시기를. 설령 생각과 의견이 다를 수는 있겠으나 그 다름이 당신의 목소리를 차별하지 않을 것이므로.

내가 과연 이 자리에 서서 무슨 말을 할수 있을까란 생각이 제일 크게 들었습니다.
전 성매매 피해 여성입니다.
제 이야기를 좀 들어주세요.
제 이야기를 제발 좀 들어주세요. 아무리 소리치며 말하고 구구절절한 이야기를 늘어놓아도 많은 분들 머릿속에 스치는 생각이든, 계속될 생각이든 한 마디씩 떠오르겠죠.
더러운 년, 창녀, 걸레, 저런 년이 나와서 지랄하니 나라가 이 모양이다, 세금 뜯어 처먹을려고 애쓴다, 뭐가 떳떳해서, 꼴값한다, 진짜 더럽다 창녀 주제에, 뇌에 좆만 가득 찬 년이 등등 정말 광장한 말을 들을 줄도 알고, 어디 누가 사진이라도 찍고 동영상이라도 찍으면 참 오래도 욕먹을 세상이구나, 생각하면서도 성매매 피해 여성으로 하고 싶은 말이 있습니다.
이것은 대한민국 사회의 문제이고 나아가 모든 나라가 겪고 있는 사회적 문제이나 이 사회에서 살고 있는 사람들이 사회적 문제로 받아들이기 싫어하니 저는 그 이야기 전체를 배제하고 간단명료하게 말씀드리려고 합니다.
다소 공격적인 발언으로 비춰짐을 양해 바랍니다.
성을 사고판다는 뜻의 성매매,
첫 번째 불법이다.
두 번째 자발이다.
세 번째 고로 성매매 피해 여성은 지랄하고 자빠졌다.
불법에 자발적 성매매가 어떻게 피해 여성이 되며, 지원금을 왜 받아야 하냐, 나라 세금도 한 푼 안내고 돈 벌어놓고, 하루에 쉽게! 몇십 몇백 벌어 놓고 무슨 양심으로 지원금을 받냐?
그래서 창녀 지원금이다?
세상 억울한 건 나만 아니면 되고 세상 정의는 나를 포함한 우리에게 일어나야 뜻 깊고 좋다는 그 뻔한 생각으로 봐주는 것도, 성매매 피해 여성에게는 안 되는 일이죠.
몸을 판 여성에게는 더욱 심한 잣대를 세우며 위의 기준치에도 해당 사항 없는 욕을 하고 있으니까요.
잘 들으세요 지금부터.
예를 들어, 가정형편이 좋지 않던, 병원비가 필요하던, 가정의 생계를 책임 지던, 갑자기 어느날, 집도 절도 없이, 부모도 없이, 이 모든 걸 통틀어 살아 갈 길이 탁 막혀 어떻게든 살아야해서 구인 구직 사이트를 열던, 소개를 받 던 누구나 바라고 원하는 돈 많이 주는 직업을 알아보는 데 잠자리 제공해 주고 밥도 주고 심지어 돈도 많이 준대, 솔깃하죠.
이때 양심의 선택이 안 설까요. 그래도 살아야하니 이런 거 저런 거 다 따지면 세상 못 살아간다는 생각에 눈 딱 감고 찾아가죠. 자발적이네요, 제 두발로 나의 의지로 찾아간 거니까요.
그렇게 찾아간 곳에서 사장이 입바른 소리 합니다 침 한번 안 바르고. '하루아침에 눈 딱감고하면 되도 없이 그만 둘 수 있게 돈을 번다고' 근거 없는 이야기를 근거 있게 말을 합니다.
그러면서 저의 사정을 딱하게 여기고 가불도 해주고 돈도 당겨주고 돈도 빌 려쓰라하고.
여기까지만 해도 사람들은 그러죠. 그렇게 사정 딱해서 돈 벌러 가는 년이 몇 명 된다고.
자신의 사치를 부리려고 가는 년들 10년 넘게 일하면서 한 명도 본 적 없지 만 존재하겠죠.
버는 돈이 넘쳐서 몇백짜리 명품백을 자기 돈으로 사는 것보다 받는 거죠. 말 잘 들어달라고 더 쉽게 대달라고 그게 부럽나요?
어줍지 않은 열등감을 굳이 성매매 여성에게 풀만큼 그렇게 자존감이 낮고 열등 의식에 사로잡혀 사는 게 부끄럽지는 않나요?
그저 더러운 년이 나대는 게 싫다고 합리화하면 위안은 되나요?

이야기로 돌아가서 그래서 일을 합니다.

일을 하면서 평범한 남자 배려 있는 남자 그런 건 이 세계에서는 드문 일이죠. 길에 다니는 여자랑 할 수 없는 이상한 성적 판타지에 돈으로 산 것뿐이라는 물건 취급, 폭행, 구타, 목구녕에 구역질이 올라와도 참고 일합니다.

이게 쉽게 돈 버는 건가요?

알바로 한 시간에 몇천 원 벌기도 힘들다고 말을 하면 그래 요즘 세상에 알바로 몇 시간도 힘들다고 인정하면서 그럼 한 시간이든 두 시간이든 하루에 몇만 원 몇십만 원 버는 건 쉽다고요? 금액이 크니까? 금액이 크면 제가 벌리는 가랑이는 쉽게 벌어지는 가랑이라고요?

사랑한다고 말하는 여자들도 가랑이 벌리는 게 어려운데 감정도 없이 오직 돈 때문에 처음 보는 남자한테 벌리는 게 쉽다고? 창녀는 감정도 기분도 아무것도 못 느끼고 돈 앞에서는 그딴 거 버리고 자발적인 거였으니 세금도 안 내니까 돈으로 통치면 된다고? 그러려고 그 일 하는 거라고요?

그래 통쳐 봅시다. 양심도 찔리고 수치스럽고 합법도 아니라 하는 일하니까 그래서 돈 보고 참으면서 내일만 좀 더 벌면 끝이다 생각하면서 돈 버니까 뭣 같아도 참고 일하죠.

여기서 끝이 아니죠. 더한 건 뭘 한지도 모르겠는데 빚은 갚아지지도 않고 늘어만 가고 손님은 더욱 뭣 같아져도 참고 일했는데 사장이 돈을 들고 날랐네, 내 돈을 줄 수가 없다네, 안줘도 된다네, 하루에도 수십 번 무너지는 나를 잡아가며 울어가며 이끌저끝 다보며 번 돈이 없다네?

그런데 난 피해자가 아니래,

자발적 불법 성매매 여성이니까.

그럼

난 정말

성매매 피해 여성이 아니야?

그리고 성매매가 불법이다, 진짜 다들 뻔뻔하게 왜 그러는 거죠?

대한민국에서 성매매가 왜 불법이죠?

암묵적 합법이지. 이때동안 그래왔으면서 왜 그래? 어이가 없네요.

성매매업소가 불법이라서 그래서 대로변에 버젓하게 있고 그래서 노래방만 가도 도우미를 불러 달라고 그래? 불법인 줄 알면서 죄를 짓는 짓인 줄 알면서 돈 쓰는 놈들은 괜찮고 대주는 년들은 더럽고 나쁜 거라고? 다들 좀 이상한 거 아닌가요?

초등학교만 가도 배우는 게 수요와 공급이죠.

수요가 있으니 공급이 있다는 그 뻔한 공식을 성매매에는 해당 안 되는 일이라고 불법이라서 그래서 피해자가 받는 건 창녀 지원금이라고?

그럼 남자들 그 정액 나오는 대가리 좀 그만 벌떡거려. 죽어가는 물고기도 아니면서 왜 그리 못 흔들어서 난리를 쳐. 창녀 지원금이라는 발언이 아무렇지 않게 지지 받는다면 제가 말하는 그 정액 나오는 대가리도 거북스러운 발언이 아니며 남자 니들 대가리부터 잡고 살아야죠. 그리고 불법이면 다 잡아 처넣어야지. 그럼 남는 남자는 몇일까요?

그리고 성매매 여자들은 쉽게 돈 벌어서 몇천 원 알바도 못할 거라고?

내가 지금 자활센터에서 받는 돈이 최저임금도 안 되는 6470원 8시간.

감사하게 생각해요, 일할 수 있어서 일할 수 있게 해줘서. 6470원 감사하게 받으며 거기다 법도 모르고 앞길 막막한 나를 도와주고, 응원해주고, 괜찮다, 다시 살아갈 수 있다, 상담해주고 도와주는 사람들 덕분에 사회구성원으로 돌아가서 살아갈 힘을 얻으며 그저 나에게 따뜻한 말이, 시선이, 외면 없는 사람들이 감사할 뿐이죠.

진짜 이래도 창녀 지원금이라 할 수 있을까요?

사람이 생각하는 동물이고 감정 있는 동물인데 몸 한번 팔았다고 아무것도 못 느끼는 사람 취급받으면서 창녀 지원금 소리를 들어야하는 건가요?

이게 창녀라는 꼬리표 달린 제 문제만인 걸까요?

남자들 대가리 문제는 아니고 세상이 사회의 문제는 아니라고 말할 수 있나요?

悸_연두는 두렵다(心+身=悸)

悸_끝나지 않을 것 같은

외로운 것도 있었고. 스트레스 받는 것도 있었고. 스트레스 때문에 나는 약도 먹어봤고, 자해 행동도 많이 해봤고. 자살 시도도 많이 해봤고. 그냥 성격 자체가 바뀌어 버려서. 스트레스는 거의 손님, 손님이었고. 현관(삐끼이모)들도 많고, 현관한테도 스트레스 많이 받고. 스트레스 주는 요인이야 엄청 많죠. 말하려면 한도 끝도 없죠. 내가 이 길로, 왜 이 길로 빠졌을까. 진짜 우리가 사창가를 생각하다 보면요. 술집이랑 다방이랑 정말 이 일의 끝이 집결지 래요. 화류계에서 집결지가 끝이래. 사람들이 다 그렇게 얘기해. 음, 막장.

화장 지우고 씻고 뭐하고 아침 먹고 하면 (아침) 10시 11시 되니까. 그러면 이제 약을 털어먹어요. 수면제, 진통소염제, 항생제…. 제가 평생 약을 안 먹다가 수면제를 먹게 됐거든요. 조울증 약하고. 약을 너무 털어먹어가지고. 수면제, 감기약, 진통제…. 우리는 약을 많이 가지고 있어요. 그리고 뭐가 있냐면은 이모들이 낮에 낮 이모가 있는 가게 같은 경우는 이모들이 약국을 하나 뚫어요. 약국을 하나 뚫어가지고, 원래 병원 처방전이 있어야 하는 약을 좀 세게 지어가지고 와요. 원래 걸리는 건데 그냥 해주는 거예요. 그러면 근육통 약부터 다 있을 거 아녜요. 너무 스트레스 받아가지고 약도 많이 털어먹어 봤고. 그래서 여기 상처도 하나 있거든요. 여기,

거기서 나오면서 물집이 한 번 더 잡혀가지고. 제가 집에서 손을 잘못 대는 바람에 이게 괴사가 되가지고 피부 이식까지 받았거든요. 이모들이랑 막 싸우고 이러면 그 건물 옥상에 올라가지고 소주 한 병 먹고 옥상 난간에 앉아 수면제 들고 막 협박하기도 하고 진짜 이 지랄 하고. 나 이제 수면제 먹고 옥상 난간에서 바로 떨어질거거든요. 난간에 앉아 수면제 들고 이모한테 딱 전화 걸어. 옥상에선 안 들리잖아요. 6층, 거의 6층으로 올라가는 거니까. 한 계단 이렇게 올라가면 원래 비상계단은 따로 있어요. 근데 내가 있었을 때는 아가씨들이 다 바뀌는 바람에 비상계단을 아는 아가씨가 저밖에 없었거든요. 비상계단으로 올라가서 안으로 잠글 수가 있거든요. 키 들고 들어가서 안에서 잠가버리는 거예요. 옥상 올라가서 수면제 들고 이모한테 전화해. 나 이제 이거 먹는다고. 수면제 먹으면 가잖아요, 정신이. 사실 누굴 협박하려고 그런 건 아니에요. 한 번씩 열이 받으면, 꼽혀가지고 무슨 짓을 막 하고 그 뒤에 보면 사단이 나 있으니까. 그렇게 정신을 한 번씩 놓을 때가 있어요.

여기 나와서도 그랬어요. 번개탄 되게 많이 피워봤고. 안 죽더라고. 올해의 목표. 상담사 샘하고 1월 1일날 올해의 목표를 한 개씩 다 적었거든요. 번개탄 버리기. 농약 버리기. 그게 올해의 목표였어요. 다 버렸어. 진짜로 안 죽더라고. 정신과 선생님한테 농담 삼아 물어봤더니 그 정도로 하면 죽을 사람은 벌써 죽는대요. 제가 번개탄을 피울 때 4개 5개 이렇게 피우거든요. 안 죽어요. 대가리만 존나 아파요. 깨고 나면. 상담사 샘이 딱 한 마디 한 게, 죽을 팔자가 아니야. 죽을 팔자가 아닌데 왜 자꾸 죽을라 해, 이러더라고. 그 정도 했으면 보통 사람들은 죽었어. 한두 개만 피워도 죽는대. 네 개 다섯 개 피우면 이미 죽을 사람은 죽었어, 이러더라고. 안 죽어. 포기했어. 약봉지 좀 가지고 내려올 걸 그랬다. 약봉지 이-만-큼 있는데. 수면제 있어요, 가방에. 아직 먹고 있어요. 약을 좀 많이 독하게 먹어서 안 들어서.

悄悄_왜 그렇게 살았을까

그냥 쓰기 바빴던 거 같아요. 그게 제일 불행해요. 막 자질구레한 거 있잖아요. 이불도 막 싼 거 써도 되는데 비싼 거 쓰고. 방 꾸미는 데 막 쓰고. 옷 사는데, 홑복 사는데. 그 동네 가게 자체들이 다 외상이 되니까 화장품도 굳이 비싼 거 안 써도 되는데 비싼 거 쓰고. 거의 다 그런 데로 들어갔죠. 지금 보면 다 쓰잘데기 없는 것들. 그 동네가 다 비싸요. 비싸요. 비싼 물건밖에 안 갖고 들어와요. 이불 같은 것도요 우먼로드 같은 거 60만 원 70만 원 이렇게 들어와요. 사복을 사러 가도요 절대 싸구려 안 들고 들어와요. 다 비싼 거 들고 와요. (상담사: 원래 집결지에서 일하기 전에 씀씀이가 컸던 게 아니잖아요? 명품을 좋아하거나, 비싼 화장품을 쓰거나, 비싼 옷을 사거나, 이런 건 아니잖아요? 근데 특별히 업소에 있을 때 그렇게 비싼 화장품을 쓰거나 씀씀이에 대해 특별히 생각하지 않거나 이렇게 된 계기나 이유, 이런 게 있나요?) 스트레스를 받기 시작하면서부터요. 제가 여기 들어와서 왜 약을 처음 먹어 봤다고 했 잖아요. 수면제를. 지금도 먹고 있는데 스트레스 풀 방법을 여러 가지를 생각해 봤어요. 근데 제가 은근히 은둔형이라 밖에를 잘 안 돌아댕기거든요. 그래서 여기 9년을 있었는데도 길을 잘 모르고 버스 한 번을 안 타봤고 열차 한 번 안 타봤어요. 버스는 이제 내가 타는 노선만 타니까 아는데. 말했다시피 자해도 해봤고요. 문신으로도 풀어봤고요. 그때는 돈이 있으니까. 그리고 어차피 내가 돈이 없으면 돈 좀 땡겨주세요 그러면 돈 일이백은 그냥 땡겨주니까. 그러면 뭐 땡겨서 별래 별짓 다 해봤죠. 물건도 사재껴 보고 그냥 동네 돌아다니다 옷 가게 들어가서 별 필요도 없는데 그냥 맘에 드는 옷 집어 오고.

연두는 돈을 많이 벌고 많이 썼다. 능력 있는 사람이었다. 많게는 하루에 손님 20명을 받았다. 몸은 망가지고 경멸의 순간들로 자존감은 바닥을 친다. 이 스트레스는 그곳에서 삶의 유일한 목표이자 자신의 존재를 인정받을 수 있는 돈으로 풀 수밖에 없다. 그러나 당연히 그 방법으로 소모되는 삶을 지킬 수 없다. 그 바깥은 보이지 않는다. 습지는 여덟 겹으로 잠겨 있다. 습지의 생태계는 성 판매 여성들이 돈을-벌고-돈을-쓰는-기계로 살아가도록 짜여 있다. 삶의 바깥으로 나가는 방법밖에 없다.

그러나 탈성매매 운동을 하는 여성 운동가들과 만난 연두는 습지 바깥으로 나왔다. 그리고 비로소 보인다. 가장 불행했던 것은 그런 삶을 살았던 것보다 그런 삶에 자신이 복종했던 것이다. 그리고 이 갑작스런 변화에 의한 혼란과 회환으로 연두는 괴롭다.

惸惸惸_다시 시작할 수 있을까

연두   한 번씩 (성매매업소 시절) 생각을 하긴 하죠. 그 생각 때문에 스트레스를 받기도 하고. 생각이, 기억이 자꾸 남아있으니까.

상담사   그건 모든 언니들이 많이 그래요. 몸에 기억되어 있는 것들을 지우기가 어렵죠. 그래서 어떤 언니들은 형사사건 해야 하는데도 생각만 하면 몸이 굳어지고 손이 덜덜 떨려서 진정서를 못 쓰고, 한참 동안 못하는 언니들도 많아요. 거기서 나와서도 계속 약 드시는 분들도 많고. 지금 몇 가지 약을 거의 이만큼씩 받아서 먹고. 그때 그 기억이 툭 튀어나오면 분노 조절이 안 되고.

연두   저 같은 경우는 분노 조절보다는 업다운이 심해가지고. 감정 기복이 심해가지고.

상담사   그럴 수밖에 없죠. 계속 그런 생각만 들면 사람이 살지를 못하니까. 한 번씩 일상에서 겹치게 되는 기억들이 확 소환되면 푹 올라갔다가 그렇게 되죠. 사람마다 다르긴 한데, 다른 생활 패턴을 찾아 빨리 그걸 잊으려는 사람들도 있고. 굉장히 천천히 진행하시는 분도 계시고. 빨리 다른 계기를 만들려 하시는 분도 있고. 사람마다 다 방법이 다르더라고요.

연두　　나는 아직 그런 방법 못 찾은 거 같애. 한 번씩 그런 경우가 있어요. 길 지나가다가 되게 익숙한 얼굴을 딱 마주쳤을 때. 세상이 좁잖아요. 진짜 그럴 땐, 한 번씩 그럴 때마다 간이 철렁하다가 스트레스 확 받고. 진짜 (성 구매자를) 마주친 적도 있고.

상담사　그런 언니들도 있어요. 상담하자고 그러면 옛날에 업주가 이야기 좀 하자 할 때랑 오버랩이 돼서 싫어라 하시는 분도 있어요. 전혀 상관없는 일상인데도 불구하고 예전 기억이 확확 소환되는 장면들이 있거든요.

연두　　되게 막 익숙한 얼굴 만났을 때. 본 거 같은데…, 아닌가? 이런 기분 들 때. 아는 척할까 봐.

상담사　불안해지는 게 싫은 거지. 혹시 구매자들 만날까 봐 안 나가려고 하시는 분도 있고. 마스크 쓰고 나가고 불편해하시는 분 있죠.

연두　　아직까지는 잠도 못 자고 하니까. 옛날에는 머리만 대면 잤는데. 지금은 피곤해도 잠이 안 오니까.

상담사　여기(자활센터)서 지금은 조금 쉬는 시간인 거고. 1년 정도 쉬고.

연두　　안 나갈 건데?* 3년 다 있다 갈 거야. 왜 이래~. 3년 있다

---

*　3년: 성매매 피해자 자활센터에는 총 3년까지 상담 받으며 직업훈련을 할 수 있다. 법적, 행정적, 의료 지원을 받는다.

갈 거야.

상담사 (취직해서) 출퇴근 꼬박꼬박하면 자지 말라 해도 잘 잘 거야. 아마 더 이상 약이 필요 없다 할 거야. 어쨌든 본인이 쉬고 싶을 때까지 충분히 쉬고. 계속 3년 채운다고 하잖아요? 내 생각에 한 1년만 있으면 될 거 같은데….

연두 아냐! 좀 있으면 벌써 1년이야!

상담사 그러게. 1년만 채우면 될 거 같은데.

연두 아니야, 나는 아니야. 아직 보호받아야 돼요.

상담사 되게 (자활센터에서) 언니들이 안 나가시려고 해요. 법률이나 이런 게 걸린 분들은 좀 시간이 필요하지만. 보통은 1년 있다가 얼른 나가는 게 좋죠. 왜냐면 여기 머물 수 있는 시간은 3년으로 한정되어 있으니까. 1년이나 1년 반 쉬었다가 나가서 취업 좀 했다가 힘들면 다시 여기 들어와 있다가 하면 좋을 것 같아서. 1년, 1년 반 되면 나가라고 푸시를 좀 하거든요. 그러면 왜 나를 나가라 하느냐 하면서 성질을 내죠. 정작 3년을 다 채우고 취업을 하잖아요? 그러면 얼마 안 돼서 오셔 가지고 '그때 왜 나보고 빨리 나가라 했는지 알겠다.', '여기 언니들도 끝까지 있지 말고 빨리 나가 보게 하라'고 본인들이 그렇게 증언을 해요. 실제로 취업해 보니까, '아 좀 더 빨리해 볼걸. 여기 오래 있지 말고 좀 더 빨리해볼걸' 하는 생각이 든다고요.

연두 나는 아직 위험해.

상담사　여기 있을 때는 다들 그렇게 생각하시는데.

연두　2년, 2년!

상담사　2년?

연두　2년 있다가 취업해 볼게.

상담사　오~ 1년 줄었네!

연두　2년!

상담사　1년 반 어때?

연두　2년! 2년 있다가 취업해 보고 안 되면 다시 올게.

상담사　여기 계실 때는 취업하고 그런 게 너무 두렵고 그렇죠. 실제로 나가서 잘 버티고 적응하면서 '아, 내가 버티네! 내가 조금 일찍 나와도 괜찮았겠다' 이런 얘기들을 나간 후에 다들 우리한테 해 주시더라고요. 나중에는 다들 이렇게 얘기하죠.

연두　음…자꾸 그러면… 나 정신병원 들어간다.

상담사　와~ 이렇게 협박한다니까! 그거는 협박이야, 그렇죠?

연두를 소개해준 탈성매매 자활센터 상담사가 말했다. "탈성매매 여성들이 다시 성매매업소로 돌아가느냐 마느냐는 사실 중요하지 않아요. 한번 이렇게 자신의 힘으로 탈성매매를 경험하면 언제든지 다시 나올 수 있어요. 갱생시키는 게 목적이 아니라 자신의 힘으로 삶을 살아내는 힘을 기르는 게 중요합니다. 여기서 하는 직업훈련도 그렇게 중요하지 않아요. 미용기술 배운다고 다 미용실에서 일하는 것도 아니고요. 하고 싶은 일을 찾고 스스로 생활을 계획하고 실천할 수 있는 힘을 기르는 것이 필요해요."

VIII

기억

기억 1

2019년 6월 4일 11시. 기자들과 여성인권 활동가들, 업주들이 분홍 습지에 모였다. 업소 60호 건물을 포클레인으로 부수며 철거 공사가 시작됐다. 무너지는 건물을 배경으로 기자들은 110년 역사의 성매매집결지가 사라졌다고 보도했다. 한때 이 분홍 습지에는 70여 성매매업소, 600여 명의 성 판매 여성이 살았다.

2년 후 다시 습지 시市를 찾았다. 공원이 된 토성 안쪽으로 걸어가면 동물원이 있다. 철창 강화유리 안에 갇힌 침팬지, 하루 종일 잠만 자는 몽골 늑대, 플라스틱 가짜 넝쿨 아래 누워 있는 사자와 호랑이, 시멘트벽 풀밭 벽화 앞에 누워 있는 불곰, 같은 동작으로 계속 왔다갔다 이상행동을 하는 코끼리를 둘러보았다. 물이 말라 텅 빈 돌고래 쇼 풀장에 갔다. 관람석인 호모 사피엔스 자리에 앉았다. 지치고 피곤하다.

한반도 첫 동물원은 황제의 궁궐을 헐고 짐승을 들인 창경원이다. 1909년 11월 1일 개원했다. 순종 황제는 개원 관람을 위해 모닝코트를 지어 입고 "곤룡도 이제 하이칼라가 되었구나."라고 기뻐했다.* '모닝코트'는 아침에 일어나 입는 가운 같은 것인가. 아니다. 연미복처럼 생긴 낮에 입는 유럽식 예복이라 한다. 백두산에서 잡힌 호랑이, 강원도에서 잡힌 표범 한 쌍, 여수바다 앞 안도에서 잡힌 멧돼지, 마이크로네시아에서 잡힌 사향삵, 몽골에서 팔려온 낙타, 일본 교토 동물원에서 팔려온 사자 등이 하이칼라 서양 문명 동물원에 모여 모닝코트 황제를 알현했다. 코끼리는 독일 하겐베크 동물원에서 사 오기로 했는데 건강이 좋지 않아 인도에서 싱싱한 놈을 새로 잡아 인천항으로 가져오기로 했다.

하겐베크 사냥 원정대는 인도에 가서 코끼리도 잡고 호랑이도 잡고, 아프리카에서 하마도 잡고 표범도 잡고, 스칸디나비아반도에 가 순록을 잡는 김에 그곳에 살고 있던 사람들도 잡아왔다. 수단, 스리랑카, 그린란드 등에서 흑인, 이누이트, 베다 사람들을 잡았다. 잡아 온 짐승과 짐승 비슷한 사람들로 쇼도 하고 전시도 했다. 온통 여기저기 동물원 등에서 더 잡아달라 하여 물류를 맞추느라 바빴지

---

* 오창영 편, 『한국동물원팔십년사_창경원편(1907~1983)』, 서울특별시. 1993. 73쪽.

만 하겐베크는 부지런했다. 단지 사냥만 한 것이 아니라 짜자잔 쇼 프로덕션 활동도 하고 새로운 동물 친화적 조련법도 개발했다. 철창 우리에 가두는 대신 서식지 전체를 떼어 온 듯 인공 언덕을 만들어 넓은 공간에 자연스럽게 여러 동물들을 방사하는 새로운 동물원 운영 방식도 창안해냈다. 각지에서 잡아 온 원주민들 역시 현지 마을처럼 꾸며 그 안에서 밥도 먹고 젖도 물리는 친환경 쇼를 백인들이 관람할 수 있게 하였다. 1881년 파리에서 열린 푸에고 인디언 전시에는 하루에 파리 시민 5만 명이 몰렸고, 창경원엔 하루 관람객이 평일에 3,000~4,000명 축제 때는 9,000명까지 몰렸다. 1903년 오사카 박람회와 1907년 도쿄 박람회에는 조선인, 홋카이도 원주민인 아이누인, 타이완 고산족, 오키나와인이 전시됐다. 제국 일본의 새 영토에서 잡아 온 식민지 원주민들을 보러 하루에 황국신민 1,000명 이상이 몰렸다. 스펙터클의 시대였다. 우리 밖에서 구경하는 자 그리고 우리 안에서 구경꾼들의 시선을 뒤집어 쓴 객체. 시선의 힘은 제국과 식민을 가른다. 이 스펙터클에 잡혀 온 객체들은 쇼가 끝난 후 어떻게 되었을까.

1945년 전쟁의 폐색이 짙어진 일본은 〈동물원 비상조치요강〉을 내린다. 공습으로 동물원이 파괴되면 맹수들이 뛰쳐나와 민가를 덮칠 염려라지만, 가정집 솥단지 숟가락까지 군수공장으로 공출되던 때에 동물들을 건사할 능력은 더 이상 없었을 것이다. 창경원 토끼, 새 등 작은 동물들은 맹수의 사료로 죽거나, 그냥 굶어 죽거나 했다. 1945년 7월 25일 〈동물원 비상조치〉 마지막 명령이 내려진다. 창경

요시와라 유곽의 유녀_위키피디아

원 맹수들의 초라한 먹이에 초산 스트리크닌을 넣었다.

도쿄 우에노동물원 역시 마찬가지였다. 1945년에 쓴 우에노동물원 원장직무대리 후꾸다福田三郞의 일기가 남아 있다.*

8월 22일 (일)

사자 2두, 호랑이 1두, 치타 1두 독살. 사자들은 독약 3gm씩을 말고기에 숨겨 주었으나 씹어뱉어 각 2~3gm을 추가 투여. 호흡 촉박, 경련, 고통으로 발버둥 하는 것을 심장을 찔러 죽임.

---

* 앞의 책, 180쪽.

창경원 1974년_국가기록원

8월 24일 (화)
흰곰 1두, 굶겨 죽임.

8월 26일 (목)
흑표, 표범, 방울뱀 각1두씩을 처분. 방울뱀은 산 동물만을 먹는 관계로 독살치 못하고 철사로 머리를 찌르고 다시 목을 감아 당겨 교살함.

창경원은 1983년까지 동물들을 구경거리로 가두다가 창경궁으로 복원됐다.

습지 시는 다크 투어리즘 정신으로 동물원을 여전히 운영하고 있는 것일까. 아픈 역사를 생생하고 감각적으로 기억하기 위해 동물을 쇠창살에 가두어 생생하게 아프게 하고 있는 것일까.

기억 2

토성공원 안 산책길들이 모이는 중앙 광장에는 동상이 하나 있다. 높은 단 위에 올라 팔을 곧게 하늘로 뻗어 위대한 인물임을 알리고 있는 이 상像은 동학 창시자인 최제우이다. 최제우는 이 습지 시에서 죽었다.

동상이 있는 곳은 일제강점기 때 일본의 신 아마테라스와 스사노오를 봉안한 신사가 있던 자리다. 일본 신사의 일주문에 해당하는 도리이 기둥이 이곳 테니스 코트 한 구석에 방치되어 있다. 해방 후 습지 시는 일본 신사를 철거하고 단군성전을 지었다. 1966년 단군성전을 다른 곳으로 이전하고 최제우 동상을 세웠다.

> 귀천과 등위를 차별하지 않으니 백정과 술장사가 모이고, 남녀를 차별하지 아니하고 유박을 설치하니 홀아비와 과부들이 모여들고, 돈과 재물을 좋아해 있는 사람과 없는 사람이 서로 도우니 가난하고 궁핍한 사람들이 기뻐했다.   - 동학배척통문 1863[*]

---

*   박맹수, 『동경대전』, 지식을만드는지식, 2012, 113쪽.

동학배척통문. 동학을 처단해야 한다는 격문이다. 문란하고 괴이하여 어이가 없다는 것인지 너무 훌륭하고 진보적이라 감탄하는 것인지 알 수 없는 이 통문으로 영남유림들은 감영을 움직였다. 경주에서 동학을 포교하던 수운은 1863년 12월에 체포되어 감영이 있는 이곳 습지 시로 끌려온다. 이듬해 3월 10일 좌익사범으로 효수됐다. 죄목은 좌도난정左道亂正, 삿된 뜻으로 유교적 질서를 어지럽혔다. 통문의 내용처럼 귀천과 등위, 남녀와 빈부를 차별하지 아니한 죄는 죽어 마땅하다. '출신·계급·성별·빈부를 차별하는 바른 도'를 어지럽히는 이 불온한 사상은 들불처럼 한반도 전체를 태웠다.

토성공원에서 만난 최제우 동상은 동학운동이 한때 품어 올렸던 꿈을 떠올리게 했다. 들불처럼 타올랐던 이름 없는 혁명가들은 수가 너무 많아서 그랬는지 위대한 포즈를 한 조형물로 기록되진 않았지만 나는 단연코 이름 없는 혁명가들을 기억해냈다. 용감했고 그래서 자유로웠던 동학 혁명가들이야말로 동학의 창시자였다고.

이 도시는 최제우를 기억하고 있다.

기억 3

읍성 감영이 있던 자리 역시 공원이 되었다. 관찰사의 집무실과 처소 건물이 남아 있다. 감영공원 바로 옆에는 1932년에 지어진 르네상스 양식의 조선식산은행 건물이 근대건축문화유산으로 남아 있다. 근대역사박물관이 되어 이 도시의 근대기 역사를 기록하고 있다.

성곽 큰문이 있던 자리에는 성곽을 재현한 조형물이 있고 성곽 둘레에는 이곳에 성곽이 있었음을 알리는 표지판이 있다.

이 도시는 감영과 성곽과 조선식산은행을 기억하고 있다.

기억 4

습지 바로 옆에 있던 담배전매공장 건물 역시 근대건축문화유산으로 지정되었다. 겉모양은 놔두고 안은 새로 고쳐 미술전시장과 극장, 책방, 미술작가들의 창작공간이 있는 복합문화공간으로 사용하고 있다.

이 도시는 담배전매공장을 기억하고 있다.

기억 5

1905년 러일전쟁을 위해 서둘러 지은 이 도시의 기차역사驛舍는 1913년 르네상스 건축양식으로 번듯하게 고쳐지어졌다. 학교·은행·관청·역사·병원·호텔과 같은 새로운 서구적 기관은 르네상스 건축양식으로 지어졌다. 이 뜬금없는 '르네상스' 건축물들은 제국 일본이 번역하고자 애를 썼던 서구에 대한 로망의 시각적 기념비였다. 비슷한 시기 같은 건축양식으로 지어져 지금껏 남은 서울역 역사와 달리 이 도시는 일찌감치 르네상스 기차역를 부수고 콘크리트 네모 건물로 바꾸었다.

시대가 달라진 지금 어쩌면 백화점과 쇼핑몰로 연결되는 역사가 교통과 물류의 허브라는 기차역의 정신과 더 잘 어울리는 듯하다.

이 도시는 기차역의 정신을 이어가고 있다.

기억 6

토성 앞을 휘감고 습지 옆을 지나는 물길은 1970년대에 복개되어 보이지 않는다. 물 위에 집을 지으면 꿈자리가 흉흉하니 덮은 물길은 찻길이 되었다. 보이지 않는 것을 더듬기 위해선 보이는 것을 따르되 그 밑을 짐작해야 한다. 토성 앞 6차선 도로를 따라 북쪽으로 가면 습지는 큰길 안쪽에 주머니처럼 숨어 있었다. 오래되고 낡은 분홍집이 헐리고 다시 낮고 추운 새 분홍집들이 들어서곤 했다. 물은 길을 기억하고 되돌아오니, 여름 장마 물난리에 사람들은 그곳이 습지였던 것을 기억해냈다. 내가 마지막으로 그곳에 갔을 때 숨어 있던 분홍집들이 철거된 넓은 나대지는 붉은 화성火星처럼 먼지를 날리고 있었다. 화성에는 에일리언 크레인 여러 마리가 두드드득 고개를 꺾고 어깨를 펼쳐 걸어 다니며 110년 이어진 분홍색 땅의 사주팔자를 뜯어고치고 있었다. 화성 전체에 둘러친 펜스에는 4년 후 지구인들이 입주할 49층짜리 주상복합 단지 조감도가 걸려 있었다. SF처럼 솟아오른 육중한 49층 타워 단지는 습지도 물난리도 잊을 것이다. 이제 분홍 습지는 없다. 없어졌다. 마땅히 없어져야 할 곳이라 없어진 것이 아니라 아파트를 짓기 위해 없어졌다. 아파트는 힘이 세다.

성매매집결지였던 전주 선미골, 아산 장미마을은 철거 후에 집결지의 폭력적 역사를 성찰하기 위해 기억장소와 아카이브, 여성

소수자 센터를 운영한다.

이 도시는 분홍 습지를 기억하지 않기로 했다. 기억하지 않기로 했기 때문에 습지는 더 낮고 보이지 않는 곳으로 흩어져 스며들 것이다. 성 구매자들은 어디선가 분홍 불빛을 안심하고 다시 켤 것이다. 망각은 힘이 세다.

기억 7

'창녀'는 사건이다. 누군가를 특정할 수 있는 이름이 아니다. 이름은 창녀가 사건이라는 것을 감춘다. 보이지 않게 한다. 혼자서는 절대 창녀가 될 수 없다. 성 구매자가 있어야만 창녀 사건은 일어날 수 있다. 그리고 성매매가 작동될 수 있게 하는 자본주의 장치들, 혐오와 배제라는 감금장치가 없다면 창녀 사건은 일어날 수 없다.

창녀는 폭력 사건이다. 폭력은 단순히 어떤 한 자연인에게 고난으로 쏟아지지 않는다. 노력하여 이겨내거나 혹은 이겨내지 못하고 무너지거나 하는 개인의 지평에서 해결할 수 없다. 모두가 연루된 사회적 지평에서만 해결할 수 있다.

창녀라는 폭력 사건은 기호 sign이다. 여성을 욕할 때 이 기호는 사용된다. 성폭력 피해자를 다시 가해할 때도 이 기호는 사용된다. 심지어 진짜 창녀인 성매매 여성에게도 이 기호는 욕으로 사용된다. 모든 여성은 이 기호의 잠재적 적용 대상자가 된다. '여성적 신체'를 가지고 있기 때문이다. 이 기호는 존재의 방식을 유도한다. 그런 욕을 먹지 않으려면 어찌 행동해야 하는지, 몸가짐은 어찌 해야 하고

©이수영, 2019

입놀림을 어찌 해야 하는지 가르친다. 다음번에는 내가 될 수도 있다. 이 가르침은 여성 신체 사이로 전염된다. 선제적으로 여성의 신체는 이 기호에 이미 물들어 있다. 이 신체들은 이미 (잠재적) 유죄이다. 기호는 신체적 폭력 없이도 신체에 폭력을 가한다. 창녀라는 폭력 사건은 기호로 작동하면서 여성의 신체를 생성한다. '여성'이라는 존재를 생성한다.

분홍 습지가 철거되기 전에도 습지는 보이지 않았다. 마치 그런 곳은 없는 듯, 보이지 않는 듯, 아무 일도 없는 듯, 아무도 모른다는 듯 지냈다. 하지만 습지는 모든 곳에 얼룩져 있다. 복숭아 넥타, 기차, 읍성, 토성, 성곽, 신문과 잡지, 별들의 고향, 시, 사랑, 태풍, 나랑 무슨 상관이람, 시간, 분노, 공포, 헬로우 키티, 아파트, 망각.

도원동 복숭아 넥타 공감주술에 걸린 나는 지독한 환취를 앓았다. 앓으며 비로소 습지의 고통이 보였다. 나하고는 상관없던 일들에 공감하게 되었다. 나는 연루되었다. 내 몸은 복숭아 넥타에도 고통을 느낄 줄 아는 몸이 되었다. 공감은 힘이 세다.

분홍 습지
어느 유곽의 110년

초판 발행 2023년 10월 16일

지은이 이수영
펴낸이 박해진
펴낸곳 도서출판 학고재
등록 2013년 6월 18일 제2013-000189호
주소 서울시 영등포구 경인로 775 에이스하이테크시티 2-804
전화 02-745-1722(편집) 070-7404-2791(마케팅)
팩스 02-3210-2775
전자우편 hakgojae@gmail.com
페이스북 www.facebook.com/hakgojae

ISBN 978-89-5625-457-9 (03900)
값 15,000원

이 책은 저작권법에 의해 한국 내에서 보호를 받는 저작물이므로 무단전재와 복제를 금합니다.